滑雪教练员
服务方法与技巧

主 编 杨 东 商 亮

副主编 刘 勇

辽宁教育出版社

·沈阳·

ⓒ 杨东　商亮　2023

图书在版编目（CIP）数据

滑雪教练员服务方法与技巧 / 杨东，商亮主编. — 沈阳：
辽宁教育出版社，2023.12（2024.4 重印）
ISBN 978-7-5549-4014-3

Ⅰ.①滑… Ⅱ.①杨… ②商… Ⅲ.①雪上运动—基
本知识 Ⅳ.①G863.1

中国国家版本馆CIP数据核字（2024）第018285号

滑雪教练员服务方法与技巧
HUAXUE JIAOLIANYUAN FUWU FANGFA YU JIQIAO

出 品 人：张　领
出版发行：辽宁教育出版社（地址：沈阳市和平区十一纬路25号　邮编：110003）
　　　　　电话：024-23284410（总编室）024-23284652（购书）
　　　　　http://www.lep.com.cn
印　　刷：辽宁盛通印刷有限公司

责任编辑：白径遥
封面设计：意·装帧设计
责任校对：王　静
幅面尺寸：185mm×260mm
印　　张：12
字　　数：260千字
出版时间：2024年1月第1版
印刷时间：2024年4月第2次印刷

书　　号：ISBN 978-7-5549-4014-3
定　　价：79.00元

前　言

2022 年 4 月 8 日，北京冬奥会、冬残奥会总结表彰大会在北京人民大会堂隆重举行。习近平总书记指出："历经 7 年艰辛努力，北京冬奥会、冬残奥会胜利举办，举国关注，举世瞩目。中国人民同各国人民一道，克服各种困难挑战，再一次共创了一场载入史册的奥运盛会，再一次共享奥林匹克的荣光。"

随着北京冬奥会的胜利举办，"三亿人参与冰雪运动"成为现实，越来越多的人关注冰雪运动，开始冰雪运动。其中，滑雪运动成为最受欢迎的冰雪运动之一。滑雪是一项刺激与风险并存的运动，运动方式不当、防护不足，极易发生运动损伤。因此，选择一个专业的滑雪教练，学习标准动作显得尤为重要。每年雪季开始，滑雪场客流急剧增多，来滑雪的初学者也越来越多，滑雪教练的重要性愈发凸显。

伴随着滑雪教练员数量的急速增长，滑雪初学者对滑雪教练员服务质量的要求也越来越高。作为一名优秀的滑雪教练，需要具备扎实的滑雪技能，且能够在各种不同的雪道和雪况下熟练地滑行。除了技能方面的要求，作为一名合格的滑雪教练，还需要具备良好的沟通和教学能力，要能够与学员建立良好的关系，了解他们的需求和目标，并制订相应的教学计划。而现实情况是，优秀滑雪教练员稀缺，很多滑雪教练员能力不足，难以满足滑雪爱好者对于滑雪培训井喷式的需求。

为了加强滑雪教练员的服务质量与素养，我们结合相关理论知识和优秀滑雪教练员的实际经验，编撰了这样一本集理论性、实操性与趣味性于一体的提升滑雪教练员服务质量与专业技巧的书籍。本书详细讲解了滑雪教练员的职责和素养，对滑雪教学准备、教学技巧与方法、安全与急救、滑雪教练员的沟通技巧、滑雪教练员的素质现状和提升建议进行了细致阐述，以期为广大滑雪教练员能力提升提供借鉴。

本书由辽宁职业学院和辽阳弓长岭温泉滑雪场校企合作完成。具体编写分工如下：商亮：第一章、第二章、第四章，杨东：第三章、附录，刘勇：第五章、第六章。

在本书编写过程中，参考和吸收了很多优秀学者和教练员的理论和经验，在此表示感谢。由于编者水平有限、时间仓促，书中难免存在疏漏与错误之处，恳请同人与各位读者见谅并批评指正！

编者

2023 年 11 月

目　录

第一章

滑雪教练员概述

第一节 滑雪教练员的职责和滑雪教练
行业的阶段

一、滑雪教练员的职责和使命

滑雪教练员的主要职责是指导和教授滑雪技巧，帮助学员提高滑雪技能和水平。滑雪教练员的使命是传承滑雪运动的精神和文化，培养学员的技能和自信，让学员在享受滑雪乐趣的同时，也能获得身心健康。滑雪教练员还需要制订和执行有效的教学计划，根据学员的水平和需求，提供个性化的指导方案，帮助学员实现滑雪目标。同时，他们还需要负责维护和保养滑雪场地和器材，确保教学的安全和顺利。在履行职责的过程中，滑雪教练员还需要不断学习和提升自己的技能和素养，保持与滑雪运动发展和趋势的同步，以更好地服务于学员并推动滑雪运动的发展。滑雪教练员岗位职责如下：

（1）滑雪教练担负滑雪教学工作。

（2）上班期间要统一着教练装，佩戴工牌，仪表整洁。

（3）严格遵守工作纪律，按时上下班，有事要请假。

（4）自觉服从领导管理，发现问题及时汇报。

（5）自觉遵守员工行为规范，使用文明礼貌用语。

（6）接受教学任务后，必须及时出导，认真教学，热情服务，让客人满意。

（7）严格按规定填写滑雪教学单据，及时上报收银台。

（8）教学中严格遵守安全规则并告知客人，确保教学安全。

（9）必须完成公司下达的出公导、滑雪表演和组织滑雪比赛等任务。

（10）自觉维护和保管好所使用的滑雪器材。

（11）积极推销滑雪教学和宣传雪场，努力增加教学收益。

（12）积极协助客服和场地部门做好游客服务工作。

滑雪教练员应当谨记自己是教育工作者，从事的是专业性较强的教学工作。因此，教练员要把握好教学工作的关键环节，并通过不断学习，具备职业需要的基本素质，履行自己的职责和义务。由于滑雪教练员所面对的学员在年龄、文化、职业和性格等各方面差异很大，对专项技能动作理解和掌握各不相同，层次多样，所以滑雪教练员应当严格履行职责。

二、中国滑雪教练行业发展阶段思考

滑雪教练行业（以下简称"行业"）发展阶段，从目前的发展看，可将行业分为 4 个阶段，分别为萌芽阶段、成长过渡阶段、稳定发展阶段、改革阶段。

（一）萌芽阶段

萌芽阶段为 2006 年至 2017—2018 雪季，本阶段有 3 个特点，分别是滑雪运动识别度不高，有基本的行业规范，但触及性差、发展混乱、收入差强人意。

本阶段的开始标志为 2006 年 3 月颁布的滑雪国家职业资格证书，这代表滑雪教练有了官方划分的标准和规范。

运动识别度不高是指大众对滑雪运动几乎没有了解。虽然已经有了国职的标准，但本阶段的滑雪教练几乎也是无门槛。因为当时滑雪这项运动不火热，也不受关注，当时很少有人想去雪场做教练。

此外，当时雪场与自由教练也无资源竞争关系，但随着滑雪运动的逐渐火热，2018 年雪季后雪场与自由教练教学方面因为盈利与安全责任划分而产生分歧。结束标志为 2017 年颁布了新版鉴定细则文件，作废了 2006 年的鉴定文件细则。时隔 11 年的废旧立新，代表着行业进行了第一次蜕变，也是萌芽期的结束。但本次蜕变，并非是彻底、完全的，因为此时行业中并无相关证书。

（二）成长过渡阶段

成长过渡阶段为 2018—2019 雪季至 2022—2023 雪季，本阶段很鲜明的特点是滑雪运动识别度高，行业规范基本形成且触及性高、发展路径明晰。

2018—2019 雪季期间，和大多数行业一样，滑雪相关的视频主动搭上了短视频（抖音、快手）的快车，加之冬奥会的临近，各冬奥会大客户、权益方也结合冬奥开始了自己的品牌营销。以上这些不可忽视的因素，让这个冷门运动爆发性地走进了大家的视野。

本阶段开始标志为 2019 年 12 月末，单板滑雪国职的鉴定考核细则（草案）进行审定，2020 年 1 月 14 日对外发布，2020 年 1 月 5 日于崇礼云顶开始首批单板滑雪国职鉴定，2020 年 9 月 21 日于成都开始第二批单板滑雪国职鉴定。虽是试行草案，但单双板的规范均已完备，而且也完成了试点考试。

随着 2022 年冬奥会的到来以及全国对滑雪运动的积极响应，滑雪运动名气再次攀升，更多的业外人士开始尝试滑雪教学的新赛道。因行业涌入了大量从业人员，教学不规范、运动意外事故频发等诸多问题浮出水面。因此，官方、雪场、招聘方等开始了反思，从而间接收紧了所谓的行业门槛，未被重视的教练资质（国职规范）被重视起来。本阶段中，滑雪运动的传播之广，学习滑雪的人也越来越多。

关于发展路径明晰，是运营新模式的更迭诞生。以雪场方为例，曾经的雪场运营模式很单一，就是卖票、卡等。如今的雪场几乎完全抛弃了传统的运营方式，开始尝试各种方法，比如滑雪学校的外包形式、自由滑雪教练的合作模式、旱雪雪场、滑雪机器等。

（三）平稳阶段

平稳阶段为 2023—2024 雪季至 ×× 雪季，本阶段整体行业已经基本完成，某些资源、快速通道已完成了集中化持有，后期将以平稳发展为主。未来持普通入场券的话，进入的可能只是拥挤的金字塔基底。

本阶段开始的标志为 2023 年单双板滑雪国家职业资格鉴定细则的更新已完成，本雪季开始执行，这是行业第二次蜕变。新版鉴定细则充分考虑了滑雪运动目前的发展速度与状况，主要缩短了升级年限，增加了急救部分，补齐了单板国家职业资格鉴定部分。目前来看，滑雪教练的规范几乎完全形成。

随着雪季开始，因为考试机会大幅度增加，教练的数量、单板滑雪教练增势将会更加迅猛。

如今，国际认证全面普及，2023 年 5 月左右开始，美国、新西兰、英国等体系已开始逐渐恢复认证课程，夏季已经有多位华人考取了国际 3 级的认证证书，如新西兰体系、加拿大体系等，本雪季国际认证的课程也将大面积增加。

由于完全开放，海外业务也被重视了起来。对于国内雪场来说，节假日期间，很多游客很可能会去海外，很多教练也开启了自己的海内外切换教学计划。

（四）完善阶段

本阶段是未来的完善阶段，目前行业内还有诸多潜在矛盾待解。单双板国职教练比例不均衡，如持证混合教学的隔离性、明确性，自由滑雪教练教学的合规、合法性，官方对国际认证的功能确定，等等。

滑雪行业，近五年可能还会是一个潜力十足的行业，但滑雪教练行业并非一马平川，对计划长期以滑雪教学为职业的滑雪教练来说，有很大的挑战，如如何增加自己的综合能力、如何走出金字塔基底等，需要认真思考。

 **拓展阅读**

滑冰教练员技能等级培训考核工作实施细则

来源：中国滑冰协会

一、培训指导思想

根据国务院办公厅印发的《体育强国建设纲要》及教育部、国家体育总局、发展改革委、财政部等部门印发的《关于加快推进全国青少年冰雪运动进校园的指导意见》（以下简称《指导意见》）要求，着力解决师资匮乏的关键问题，大力培养滑冰人才，中国滑冰协会（以下简称协会）制定了《滑冰教练员技能等级培训考核工作实施细则》（以下简称《细则》），引导大众参与滑冰运动。

二、培训目的与任务

通过滑冰教练员技能等级培训，使申报参加培训的学员加深对滑冰教练员职责的理解，提高思想道德水平，掌握滑冰理论知识、专业技术和教学技能，为参加相应级别的滑冰教练员技能考核做好准备。

三、培训对象

滑冰教练员是指担任指导大众、青少年滑冰教学培训工作的人员。凡是热爱滑冰项目，致力于滑冰项目的推广、普及，期望提高理论知识和技能水平的滑冰、轮滑从业人员、学校体育教师以及其他滑冰运动爱好者，身体健康，年满18岁的中国公民皆可报名参加滑冰教练员培训及考核，考核成绩合格者将获得协会颁发的相应证书。

四、滑冰教练员级别及晋级办法

滑冰教练员分为初级、中级、高级三个级别，通过培训、考核逐级晋升。获得初级证书后，经培训、考核合格，可每年晋升一个级别；

初级滑冰教练员冰上实践课程，可按照培训地点实际情况使用室内或室外平面场地和轮滑装备完成课程及相应考核；

如未能通过相应级别考核，当期培训结束后7个工作日内可向承办单位申请补考，承办单位将补考方案上报协会，经协会批准后实施。

五、培训基本原则

（一）规范性原则

严格按照指定内容和形式进行培训。统一大纲、统一命题、统一考核标准。

（二）实效性原则

注重滑冰理论与实践相结合，强化教学实践能力培养，有效提高教学质量。

（三）"考教分离"原则

由协会选派具有中国滑冰协会讲师资格及中国滑冰协会高级考评员资格的人员分别进行滑冰教练员的培训、考核工作。

六、管理部门与职责分工

（一）协会对滑冰教练员技能等级培训考核工作进行技术指导和监督。

（二）由各省市地区体育协会、中国滑冰协会会员单位、学校、俱乐部、培训机构等，根据需求向协会提出培训考核承办申请，由协会统筹安排培训、考核计划，各机构负责培训的组织、实施。在工作中各机构需与协会加强沟通，服从管理，发挥协会专业优势和力量，保障培训、考核工作的专业化、规范化，考核过程中要做到公开、公平、公正。

（三）考试合格者由协会颁发证书。

七、培训机构要求

（一）在协会指导下，按照《中国滑冰协会滑冰教练员技能等级培训考核工作实施细则》具体要求组织开展培训活动，遵守法律、法规，无不良信用记录。

（二）组织开展滑冰教练员技能等级培训考核的单位，须具备必要的硬件条件（如：冰场/训练场、教室、上冰装备/轮滑装备、教学辅助设备、摄像机、照相机、食宿条件等）。

（三）培训机构应建立各项管理制度，包括教学管理、学员管理、财务管理、器材装备管理和安全卫生管理等，并为学员购买意外伤害险。

（四）培训机构应按照中国滑冰协会及各省（区、市）物价部门批准的价格合理收取培训费，不得擅自提高标准或增加收费项目，避免乱收费。

（五）培训机构组织开展培训，应遵守当地政府的各项疾病预防政策、安全要求以及中国滑冰协会《培训安全工作管理办法》。

八、培训场地及设备要求

（一）理论课教室应为多媒体教室，照明和通风良好，并配备电脑、麦克风、投影仪等教学设备。

（二）陆地实践课应根据人数，选择室内或室外硬质地面作为教学地点，要求地面平整、视野开阔，面积不小于300平方米，如体育馆、田径场等。

（三）冰上/轮滑实践课应在冰场/室内或室外硬质地面进行，根据培训内容采取适当防护措施，场地面积不小于300平方米。

（四）培训辅助设备要求

1. 陆地实践设备：平衡球、布带、皮筋、梯格等教学所需设备。

2. 冰上/轮滑装备要求：头盔、手套、护膝、护肘、冰刀/轮滑鞋。

3. 培训、考核：摄影机、照相机。

九、培训招生与宣传

（一）培训机构需在培训班计划开班时间前两个月向中国滑冰协会提出申请，由协会分发教材、派遣团队。

（二）滑冰教练员培训原则上每班人数 30～50 人，培训机构应在培训开始前 7 个工作日将报名表提交协会。

（三）承担培训工作的各机构应积极、如实进行宣传。

十、培训管理与服务

（一）滑冰教练员培训由协会讲师统一授课，根据初、中、高级别设立不同的教学内容，根据内容设置选派讲师。

（二）每届培训班的最后一天为滑冰教练员技能等级考核，考核期间全程摄像。

（三）培训机构应按照本《细则》要求做好培训相关准备工作，并及时与协会报备相关资料。

（四）培训机构根据培训规模每班配备 1 名教学管理人员，并根据实际需求配备教辅人员。

（五）培训机构应及时掌握讲师授课情况，并在培训结束后向协会提交讲师评价表。

（六）相关授课讲师不能成为当期培训所授课程的主要考核人员。

（七）培训场地需展示"中国滑冰协会滑冰教练员技能等级培训班（××站)"的横幅以及相关宣传品。

（八）培训机构需做好书面总结、相关素材、资料采集和整理，并于培训结束后 7 个工作日内提交协会。

（九）培训机构应及时支付相关工本费、劳务费。

十一、其他

本《细则》自 2022 年 4 月 7 日起施行。2019 年 12 月 17 日中国滑冰协会颁布的《滑冰指导员技能等级培训考核工作实施办法》同时废止。

第二节　滑雪教练员基本素养和职业技能

现代竞技迅速发展，因此对滑雪教练员的要求越来越高。滑雪教练员在运动训练中担当重要的角色，教练员的角色转换能力、执教能力以及个人的职业素养直接影响到运动员竞技能力的提升，同时也影响着运动项目的发展。作为滑雪教练员，因为担负着重要的使命，所以需要不断地提升职业素养，进而更好地从事这份工作。

经查阅相关的文献资料，滑雪教练员的职业素养分为两部分，即滑雪教练员的基本素养和职业技能。

一、滑雪教练员的基本素养

（一）思想道德

高尚的思想道德是滑雪教练员的灵魂，是作为滑雪教练员必须具备的品德，是滑雪教练员做好自己本职工作的基础。具有高尚思想道德的滑雪教练员，才能做到热爱自己的岗位和关心与尊重运动员。作为滑雪教练员，要有为祖国的体育事业奋斗献身的精神，要有把国家利益、运动员的权利和需要放在个人利益之上的思想，同时对国家的相关体育政策要有正确的认识和理解，要有坚定的政治信仰，热爱祖国，要有愿为体育事业奋斗终生的思想品德。

（二）文化素质

滑雪教练员的文化素质包括专业文化素质和科学文化素质，良好的文化素质是滑雪教练员实施体育训练与教学的重要基础。现如今，社会的快速发展对滑雪教练员提出了更高的要求。文化素质是人文化涵养的体现，拥有良好的文化素质有利于开阔滑雪教练员的视野，活跃滑雪教练员指导运动训练的思维，陶冶滑雪教练员的情操。滑雪教练员的文化素质水平与能否培养出优秀的高技能、高水平的运动员息息相关。

滑雪教练员的文化素质影响着滑雪教练员分析问题、理解问题的能力。文化素质越高，其看待问题就会越深入越有主见，分析问题就会越透彻。

（三）业务素质

体育运动训练是为了达成预定的体育目标和体育任务。在进行运动训练过程中，滑雪教练员除了为运动员制订详细的训练计划及采用专业的训练方式，还要针对运动员的运动动作和姿势进行演示和纠正。

运动训练在本质上是滑雪教练员对运动员进行长期指导并修正动作的过程。在这一过程中，滑雪教练员的劳动包括复杂的脑力活动、体能、技能以及战术能力。滑雪教练员业务素质的外在表现反映了其具有的业务能力。滑雪教练员的业务素质包括熟练地掌握运动训练方法、激励队员的训练热情、调整训练周期的安排、处理好队内关系等。

（四）身心素质

运动训练是一种充满挑战和创造性的过程，滑雪教练员时常要面对一些突发和意外事件，这对滑雪教练员是一种严峻的考验，对其心理和行为都会产生影响。滑雪教练员良好的身心素质是其他素质的保障，同时也是带队取胜最基本的保障。滑雪教练员的身心素质包括：具有良好的体魄，精力充沛地应对各项工作；具有敏捷的洞察力，善于发现工作中的问题；具有丰富的想象力和思维能力，能够及时地处理各类问题；能很好地控制自我情绪，不受周围环境的影响，能沉着、冷静地处理问题；有毅力和勇气直面挑战、困难和挫折。

二、滑雪教练员的职业技能

（一）科学化的训练能力

科学化的训练能力是指滑雪教练员制订训练计划、实行科学训练计划、增强训练和比赛的能力。

训练计划是对未来的训练活动做出的一种设计，训练计划应有尽可能准确的预见性，并在实施中根据主客观的变化进行相应的调整。训练计划描绘了运动员从现实状态向目标状态实现转移的过程，训练计划要具有阶段性、连续性、适应性和多变性的特点。科学的训练计划，是滑雪教练员的理论知识、技术、战术能力、决策能力和训练工作经验的综合反映，也是滑雪教练员科学化训练能力的主要组成部分。

竞技体育的最终目的是为了参加比赛，取得优异的成绩，所以作为滑雪教练员，不但要有训练计划、执行训练计划，而且要合理地运用比赛训练法，在比赛中发现问题，再去解决问题，并且可以在比赛中积累经验。训练是代替不了实战的，作为滑雪教练员，不可忽视这一点。

（二）组织管理能力

作为滑雪教练员，既要负责运动员的训练过程，又要管理运动员的日常生活，可以说是运动队的管理者。首先，作为管理者，滑雪教练员要有说服教育的能力。说话是一门技术，也是一种能力，滑雪教练员与运动员的交流更是一门艺术，教练员如果具有良好的说服力，就能引导和管理好一个运动队。其次，滑雪教练员要有良好的沟通能力。滑雪教练员面对的不仅仅只有运动员，还有领导、队员的家长、媒体等。若滑雪教练员的沟通能力强，则应对不同的人，交流会很顺畅，处理事情也会方便很多。最后，滑雪教练员要培养好团队的合作能力，要让运动员有集体荣誉感，这样便于运动队的管理。

（三）临场指挥比赛能力

作为滑雪教练员，指导训练的目的就是为了赢得比赛。在比赛中，会出现各种情景，面对不同的情况，滑雪教练员需要做出不同的决策。为取得胜利，作为滑雪教练员，必须具有以下4种能力。

1. 赛前情报分析，制定决策能力

"知己知彼，百战不殆；不知彼而知己者，一胜一负；不知彼，不知己，每战必殆。"随着竞技活动的不断发展，赛前情报信息的获得，对取得比赛的胜利至关重要。滑雪教练员需要通过获取相关的情报及参赛对手的情况、比赛的规格等，对收集的情报进行分析，对比赛作出战略部署。

2. 临场观察，应变能力

现代的竞技场上变化多端，已经不单单只是技术、战术的较量，更是智慧的比拼。滑雪教练员在临场比赛时，要时刻观察场上变化，发现问题，及时采取应对的措施，这是对滑雪教练员应变能力的一种考验。滑雪教练员要做到能审时度势，随机应变，在变化中明辨方向，持之以恒。

3. 自我心理控制能力

比赛的规模、目的、意义、观赛人数等诸多因素，将会直接影响队员的发挥，也会影响滑雪教练员的临场指挥。比赛场上的情况复杂多变，不同年龄阶段的运动员在场上的情况和稳定程度也都不确定，队伍的核心就是滑雪教练员的指挥能力。滑雪教练员在临场指挥时，要控制好自己的情绪，沉着冷静地分析局势，耐心地解决问题。

4. 认知能力

滑雪教练员的认知能力是指滑雪教练员对运动项目特征的认识，以及正确感知本专业信息的心理潜能。滑雪教练员的认知能力包括对比赛获胜因素、项目的基本特征、技战术的内在规律、教学和训练的深层理解，对运动员的个性心理、社会发展属性、人才成长的必然性和特性的认知。

认知能力是滑雪教练员成功的重要素质，滑雪教练员需通过实际体验、认真领略、主动抓住机会和积极拓展知识面等方式来提高自己的认知能力。随着各方面的不断积累，教练员的认知能力将会得到提升。

5. 完善知识结构能力

完善知识结构能力是作为一名优秀滑雪教练员不可缺少的一种能力。完善知识结构能力包括多学科知识的获取与更新能力、阅读各种资料文件的能力、角色转换的能力等。作为滑雪教练员，要主动去学习教育学和训练学等核心学科知识。教练员的知识结构对于指导运动员的训练很重要，并且现在的竞技体育变化很快，滑雪教练员要时刻更新自己的知识和训练体系。滑雪教练员在运动队扮演着多种角色，要根据不同的场景转换自己的角色，做好自己的本职工作。

首先，作为滑雪教练员，扮演着多重角色，要在教学训练和平时的管理中，及时转换自己的角色。其次，滑雪教练员要尽可能提升自己的职业素养，要做到敬业爱岗、善于思考，在不断的学习中提升自己的人格魅力，从而感染运动员，指引运动员走向运动生涯的巅峰。

第二章

教学准备

第一节　滑雪的基础知识

一、滑雪运动概述

（一）滑雪运动的起源

"滑雪"（skiing）一词始于古挪威语 skith（即"雪鞋"之意）。滑雪运动起源于欧亚大陆北部极度寒冷的地区。最初，由于寒冷的冬天给人们的生活带来不便，为了在这种恶劣的自然环境下求得生存，人们用皮带把大片兽骨绑在皮靴上作为滑雪的工具，这样可以在浩瀚的林海雪原中任意驰骋、追寻猎物，从事生活和生产劳动。

据史料记载，滑雪起源于北欧的挪威。据考证，早在 5000 年前，在北欧、西伯利亚等地已有人滑雪。在挪威境内的北极圈附近，曾发现 4000 年前的一块石刻，刻有两人滑雪的简单构图，挪威国家滑雪博物馆还收藏着 1600 年前的滑雪用具。北欧滑雪项目是斯堪的纳维亚国家挪威、瑞典、芬兰等国的传统优势项目，高山滑雪项目是阿尔卑斯山脉国家法国、意大利、奥地利、德国、瑞典等国的传统优势项目。其他滑雪运动开展得较好的国家还有美国、加拿大、俄罗斯等。

中国滑雪运动的历史也很悠久。据《通典》记载："其国猎兽皆乘木马，升降山磴，追赴若飞。""在北庭北海南，结骨东南，依山散居。去敦煌九千余里。有渠帅，无王号，户三千余。其人雄健，能射猎。"书中反映早在隋唐时期，阿尔泰山脉地区就有滑雪狩猎的居民。居住在阿尔泰山北的结骨人、贝加尔湖南的拔悉弥都有乘木马狩猎的习俗，史书中形象地将滑雪板称为"木马""骑木"，将滑雪称为"乘木马"，《新唐书》中也有我国东北和西北等地区的少数民族借助雪上滑行从事狩猎和生产劳动的记载。

近年来，我国考古学家和滑雪专家组成的科考队，在国外学者对新疆维吾尔自治区阿勒泰地区滑雪活动的研究基础上，对阿勒泰地区滑雪活动进行了艰苦的科学考证，论证了距今至少一万年前，阿勒泰的先民们就开始了滑雪狩猎活动，阿勒泰地区是人类滑雪最早的起源地。

（二）滑雪运动的发展

1. 世界滑雪运动的发展

滑雪是一项古老的冬季运动，是早期人类生存的一项技能，当今发展成为世界各国大众广泛参与的体育运动。目前，滑雪运动在欧洲、北美洲、东北亚等地区成为民众冬季体育活动和消费的主要体育项目。大众滑雪产业蓬勃发展，带动了相关产业的发展，成为"黄金产业链"，集多功能于一身的大规模的滑雪场在奥地利、瑞士、挪威、美国、加拿大、日本等国家已经得到了成功的发展，滑雪及其相关产业已经成为这些国家经济发展的重要支柱产业，其中日本的滑雪服装业，奥地利的滑雪器材业，德国、美国、加拿大的滑雪机械业，瑞士的滑雪用品等，已经形成了国际滑雪相关产业、产品的"名牌"。每年全世界滑雪及其相关产业产生的经济效益达数千亿美元。

2. 中国滑雪运动的发展

我国滑雪运动有着悠久的历史，早在中国古代，以生产、生活、军事等活动形式开展的滑雪运动就已存在。我国古代滑雪运动受气候、地域限制，主要在东北和西北地区开展。纵观我国冬季运动发展历史，受季节、气候、地域等条件限制，滑雪运动主要在边疆、边远地区得以传播，在我国体育文化历史中主要以边缘文化形态在少数民族中开展。宋、明以后，主要在北方开展，中原地区在滑雪运动传播中起到了重要的桥梁作用。清代，随着满族人入主中原，冬季运动作为军事训练和娱乐活动逐渐得到更大范围的流传，但传统的滑雪、滑冰运动等逐渐退出历史舞台，我国现代的滑雪运动主要是在殖民文化基础上形成发展起来的。

20 世纪 30 年代初期，近代滑雪运动在中国初步开展。新中国成立后，近代滑雪与中国古老的滑雪运动的变革相结合，以东北地区为主逐步发展起来，群众的表演活动、地方区域性的比赛日趋活跃。1957 年，中国第一次全国滑雪比赛在吉林省通化市举行，从此拉开了现代滑雪竞技的序幕。1959 年，在吉林市又举行了全国第 1 届冬季运动会。1980 年，中国代表团赴美国参加第 13 届冬季奥运会，这是中国滑雪运动员第一次参加冬奥会，打开了中国滑雪运动与国际交往的渠道。

随着国内人民生活水平的提高，以及滑雪本身所具有的刺激性和强身健体的功能，滑雪运动在近几年逐渐褪去"贵族运动"的外衣，成为一项深受广大民众喜爱的运动。滑雪运动发展带动了滑雪产业的勃兴。世界旅游组织《滑雪报告》指出："中国滑雪市场诞生于 1996 年，以亚布力旅游滑雪场（风车山庄）的建立为标志。"中国的滑雪产业经过 20 多年的积累和发展，目前正处于较快发展时期。2000 年前的滑雪场只分布在黑龙江和吉林两省，2000 年后北京开始出现了滑雪场，这对滑雪产业在全国的整体发展起到了促进作用。

虽然中国滑雪产业起步晚，但其独特的资源优势，如人口基数庞大、人们生活理念的改变、国家政策的支持、冬奥会举办等因素，给这一领域带来巨大的市场潜力。"带动三亿人参与冰雪运动"是中国向国际社会履行的庄严承诺，2022 年北京冬奥会开幕前，中国就已成功兑现。北京冬奥会闭幕后一年间，冬奥场馆相继对公众开放，冰雪赛事精彩纷呈，冰雪产业稳步发展，全民冰雪热情持续高涨。这将推动大众滑雪运动蓬勃开展，提高人民的健康水平，进一步发展壮大我国的滑雪产业。

（三）滑雪运动的分类

滑雪运动从历史沿革角度可划分为古代滑雪、近代滑雪、现代滑雪；从滑行的条件和参与的目的可分为实用滑雪、竞技滑雪、大众滑雪和探险滑雪。实用滑雪用于林业、边防、狩猎、交通等领域，现已多被机械设备所替代，逐渐失去昔日的应用价值。竞技滑雪将滑雪升级为在特定的环境条件下，运用比赛的功能，达到竞赛的目的。大众滑雪和探险滑雪是适应现代人们生活、文化需求而发展起来的滑雪类型。

1. 实用滑雪

实用滑雪是指应用于人们日常生活和生产劳动中，与人类生活密切相关的滑雪运动。它包括狩猎、交通运输、通信和军事战争等。随着现代滑雪运动的兴起，实用滑雪逐渐被现代滑雪运动的竞技滑雪、大众滑雪和探险滑雪所取代。

2. 竞技滑雪

竞技滑雪是以竞赛为目的的滑雪运动。竞技滑雪要求运动员具备良好的身体条件和技术水平，经过长期的系统训练，达到在比赛中取得优异成绩的目的。19 世纪末至今的 100 多年来，竞技滑雪运动得到了飞速发展。1924年，国际滑雪联合会成立。在当年举行的第 1 届冬季奥运会中，正式滑雪比赛项目有越野滑雪、跳台滑雪、北欧两项，现在冬季奥运会的滑雪比赛项目正在不断增加。

3. 大众滑雪

大众滑雪是以健身和娱乐为目的的群众性滑雪运动，也称休闲滑雪运动。

大众滑雪项目包括高山滑雪、越野滑雪、单板滑雪、自由式滑雪的雪上技巧（Mogul）、泰利马克滑雪等。大众滑雪在欧洲和北美洲开展较早，也非常普及，已经有上百年的历史。以位于欧洲阿尔卑斯山脉地区的法国为例，每年冬季滑雪人数达 700 多万。亚洲的日本和韩国开展大众滑雪比较早，而中国、印度、伊朗、叙利亚、黎巴嫩和阿联酋等国在 20 世纪后期才逐步开展此项运动。目前，我国的大众滑雪运动正处在迅速发展的阶段。

4. 探险滑雪

探险滑雪是人们为了超越自我、征服大自然，甚至寻求刺激而开发的滑雪项目，如极地滑雪等。近年来，许多探险滑雪项目由于参与人数增多和规模不断扩大，正逐步演变为正式的竞技滑雪项目，如登山滑雪、定向滑雪等。

（1）登山滑雪

隶属于国际登山联合会的"登山滑雪"运动，是越野滑雪、高山滑雪、极限滑雪和攀登雪山技术的综合竞技。它包括个人、团体和团体接力等竞赛项目。常规比赛有欧洲杯个人赛、世界杯个人赛、欧洲杯团体赛、世界杯团体赛、世界锦标赛国际公开赛等。登山滑雪竞赛一般在海拔 4000 米以下，高度差在 600～2000 米的自然雪山上进行。登山滑雪的专用装备除了滑雪器材以外，还有雪崩探测器、雪铲、不少于 20 千克的背包等。

（2）定向滑雪

定向滑雪是由定向越野演变而来的滑雪项目，是国际定向运动联合会正式承认的比赛项目之一，包括个人、团体和接力等比赛项目。定向滑雪在东欧国家十分流行。许多高山滑雪、越野滑雪和冬季两项的优秀运动员同时也是定向滑雪的高手。

（3）极限滑雪

极限滑雪是富有挑战性的运动项目。ESPN 极限运动会分为夏季和冬季两个运动会，是由美国有线电视网创意并组织举办的，经过多年的发展已经成为世界上备受欢迎的极限运动盛会之一。ESPN 极限冬季运动会滑雪项目包括花式滑雪（Fancy skiing）、空中技巧（Aerial skiing）、坡道滑雪（Downhill ski）等。

二、滑雪道

目前国内的雪场一般分成初级道、中级道、高级道等。最初进入雪场的人应在初级道练习基础的滑雪动作；能力较强的人经过 4～6 小时的初级道练习，就可以进入中级道练习。对于多数滑雪者来说，没有完全掌握滑雪的基本技术，不可贸然上高级道去显示勇敢的决心。一般说来，正规滑雪场内的雪道上都有雪道标志，不同颜色和形状的雪道标志代表不同级别。

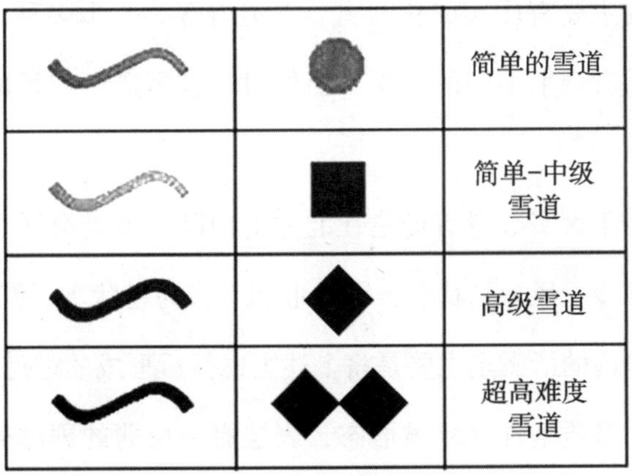

〰	●	简单的雪道
〰	■	简单-中级雪道
〰	◆	高级雪道
〰	◆◆	超高难度雪道

图 2-1 滑雪道标志

绿色圆圈是初学者雪道，一般表示雪道的坡度较小，较平滑，坡度不超过 40 度，而且雪道较宽；蓝色方块是中级雪道，坡度较大，在 40 度至 65 度之间，雪道较平滑，雪道也宽；再往上就是高级的黑色钻石雪道。黑色钻石雪道又可分为一个黑色钻石的高级雪道和两个黑色钻石的超高难度雪道。黑色钻石雪道坡度一般都大于 60 度，雪道也不平滑。

一般来说，坡度越大，雪道越窄，雪面越不平滑，其量级就越高，当然就越难，要求技术也高。黑钻中还有双黑钻这一级别，是顶级难度的雪道。

这些难度定义，是根据滑雪场的实际情况而定的。每一级当然也有容易、中等、困难之分，而且相差相当大，比如5度和40度都可以是绿道。一般越好的雪场，难度越高。世界一流雪场的绿色雪道有的会比通常雪场的蓝色雪道更陡。

三、雪质

每个雪场不仅雪道各不相同，雪质也有区别。一般来说，由于下雪时和下雪后的气象条件不同，雪质会呈现各种各样的形态。大自然中的雪有粉状雪、片状雪、雨夹雪、易碎雪、壳状雪、浆状雪、粒状雪、泥状雪、冰状雪等；人工造的雪主要有压实的粉状雪、雪道雪等共六十多种。每种雪在滑雪板下都会使滑雪者产生不同的感受，当然对每种雪质所使用的滑雪技巧也会不同。

在我国，由于大多数滑雪场建在北方的内陆，不受海洋季风的影响，具有空气干燥、寒冷、风大的特点，雪的形态大多为粉状雪、壳状雪、冰状雪、浆状雪。目前国内的滑雪场主要是将上述雪搅拌后形成的雪道雪。

在清晨时，雪质呈现冰状雪形态，表层有一层薄的硬冰壳，这种雪质的表面与滑雪板的摩擦力非常小，滑雪板无须打蜡，滑行速度很快，滑雪者要有一定的滑行技术。上午10点钟以后，随着温度的升高、阳光的照射，雪的表面慢慢融化，呈粉状雪形态，这种雪对滑雪者来说感受最好，不软不硬，滑行舒适。下午，在阳光的照耀下和雪板的不断翻动下，雪质呈浆状雪形态，雪质发黏，摩擦力增大，初学者在这种雪质上滑行较容易控制滑雪板。技术好的滑雪者可在滑雪板的底面打蜡，以减小滑行阻力。

在下了新雪后，如果不用雪道机搅拌和压实，几天后会在雪的表面形成一层硬壳。在这种雪上滑行，要求滑行者有较大的前冲力，以冲破这层雪滑行。这种雪质一般在雪道机无法到达的较高、较陡的高级滑雪道上，所以要求滑雪者有较高技术水平才能在这种又高又陡、需要较大前冲力的雪面上滑行。

第二节　滑雪的装备

一、滑雪服装

（一）滑雪袜

白色运动袜是不可以滑雪使用的，因为运动袜相对容易松懈，较难与滑雪靴保持整体性。而专门的滑雪袜不但保暖还不厚，能让脚更好地适应滑雪靴。

图2-2　滑雪袜

（二）滑雪手套

一般情况下要准备两双。一双加厚手套用在严冬，另一双薄的手套用在初冬或初春。要注意两种手套都必须防水。滑雪用的手套不只是套在手上保暖，还要让手指能活动自如，因为在滑雪中，滑雪杖一直要握在手中，因此要滑雪就需找到一双既保暖又合适的手套。

图 2 - 3　滑雪手套

（三）滑雪镜

滑雪镜，是在滑雪时用来保护眼睛的眼镜，分为普通单板双板运动滑雪护目镜和雪地摩托车雪镜等。由于雪地上阳光反射很厉害，加上滑行中冷风对眼睛的刺激很大，所以需要滑雪镜来保护滑雪者的眼睛。

图 2 - 4　滑雪镜

滑雪镜应具备以下几个功能：

（1）防止冷风刺激眼睛；

（2）防止紫外线对眼睛的灼伤；

（3）镜面应该是防雾气的；

（4）跌倒后眼镜不应对脸部造成伤害。

按以上要求，应该选择全封闭型滑雪镜。这种滑雪镜的外观类似潜水镜，但不是把鼻子扣在内，外框由软塑料制成，能紧贴面部，防止进风。镜面由镀有防雾、防紫外线涂层的有色材料制成。这种材料很柔软，用力扭曲只发生变形而不会断裂，以保证镜面受到撞击时不会对脸部造成伤害。另外，在外框的上沿有用透气海绵制成的透气口，以使面部皮肤排出的热气散到镜外，保证镜面有良好的可视效果。戴眼镜的滑雪者在选择滑雪镜时，应选择镜框大一点的滑雪镜，以便能将眼睛全部罩住。

（四）滑雪帽

滑雪对帽子的要求不高，找个保暖且能紧紧包住头的帽子就可以了。最好选择颜色同白色呈鲜明对比的款式。

（五）滑雪服

滑雪服可分为两类：连体套衫和两件套衫。连体套衫一般比较合身，将身体包裹得很紧，活动很方便，但相对较薄。最典型的连体套衫就是比赛用的滑雪服，它的感觉就如同人体的皮肤一样，所以运动员穿它可以减少阻力，提高成绩。两件套衫是指分开的滑雪上衣和滑雪裤。两件套穿脱方便，并能适应天气变化，但没有连体套衫那样适合身体运动。有的滑雪裤带有背带，它的作用是起到连体衫的作用，同时也能保暖。

因为滑雪服是专为滑雪这项运动而设计的，在选择上与普通运动服装不同。

（1）除专业比赛服外，不能选择太小或太紧的服装，那样会限制滑行时的滑行动作。上衣要宽松，衣袖的长度应以向上伸直手臂后略长于手腕部为标准。裤子的长度应当以人蹲下后裤脚到脚踝部的长度为准。裤腿下开口有双层结构，其中内层有带防滑橡胶的松紧收口，能紧紧地绷在滑雪靴上，可有效防止进雪；外层内侧有耐磨的硬衬，防止滑行时滑雪鞋互相磕碰导致外层破损。

（2）在滑雪服形式上，两件套滑雪服穿着方便，但在选择时裤子一定要是高腰式的，并且最好有背带和软腰带。上衣一定要宽松，要选择中间收腰，并要有腰带或抽带，防止滑雪跌倒后雪从腰部进入滑雪服。手臂向上伸直后袖子不能绷得太紧，宁可长一些，因为上肢在滑雪过程中处于一项全方位运动中，对初学者尤其如此。连体滑雪服结构简单，穿着舒适，防止进雪的效果比两件套的好，但穿着较麻烦。

（3）滑雪服的外料选用耐磨、防撕、防风，表面经防水处理的尼龙或防撕布材料较好。因为我国滑雪场大部分处于内陆，属于寒冷、干燥气候，温度低、风大，雪质较硬。而且我国滑雪场的运动索道绝大部分为不封闭式，加上空气温度低，所以滑雪服的内层保暖材料应选用保暖性较好的中空棉或杜邦棉，以便为滑雪者在乘坐索道时提供一个良好的保暖条件。

（4）从颜色上看，最好选择能与白色形成较大反差的红色、橙黄色、天蓝色或多种颜色搭配的醒目色调，一是为这项运动增添迷人的魅力，更主要的是为其他滑雪者提供一个醒目的标志，以避免碰撞事故的发生。

（5）滑雪服的开口要以大拉链为主，拉链头要大，这样戴手套时也方便操作，拉链的外侧要有挡风墙结构，防止滑行中冷风从拉链缝隙进入身体。要有若干个开启方便的大兜，以便将一些常用的滑雪用品分门别类地装入其中，方便使用。

（六）滑雪鞋

滑雪鞋有很多种类，目前市场上较为流行的是前扣式，这种类型的鞋，最不容易穿，而且脚感觉很紧，但它最有利于滑雪运动，它能准确地传导力量来控制滑雪。第二种是中置式，它相对容易穿，但不像前扣式的鞋那样能够准确地传导力量来控制滑雪的速度和转向。第三种是后拉式，它最容易穿，但这种鞋会影响滑雪的平衡，所以这种类型的鞋目前已很少在市面上出售，但很多滑雪场还是以这类鞋为主出租。

　　无论哪种类型的鞋，合脚是关键。拿一双与运动鞋尺码一样大的滑雪鞋，取出内鞋试穿。一般来讲，内鞋的大小就是滑雪鞋的尺寸。注意买鞋要试内鞋，不是试整体滑雪鞋。如果只是试整体滑雪鞋，初学者往往选的鞋偏大，其原因是滑雪鞋外壳很硬，感觉很紧，初学者就误以为是鞋小的缘故而选择大一尺码的鞋。其实在滑雪过程中，鞋紧才能使得鞋的固定器与滑雪板连为一体。所以在选择鞋的尺码时，一定以内鞋为准。滑雪鞋是否合脚，也可以根据脚趾是否能在鞋中自由活动来判断，但是脚掌、脚背、脚弓、脚跟则应紧紧裹住。

前扣式　　　　中置式　　　　后拉式

图 2 - 5　滑雪鞋

二、滑雪器材

（一）滑雪板

1. 滑雪板种类

　　滑雪板的种类很多：从长短来分，有超长、长、中、短、超短；从宽度来分，有窄、宽；从硬度来分，有软板、硬板。滑雪板的长度、宽度，以及刀刃和材料的硬度决定了滑雪的速度和稳定性。

　　不同的滑雪板有不同的功能。就长度而言，长度越长，速度越快，越难控制，虽然不稳定，但容易在有冰的区域滑行；相反，长度越短，速度越慢，越容易控制。就宽度而言，宽度越宽，速度越慢，越容易控制，适合于深雪的地形。一般来说，宽的滑雪板适用于大回转，窄的滑雪板适合于急转弯和小回转。

初学的男士可选用 160 厘米长的雪板，女士可选用 150 厘米长的雪板。滑雪板两侧有刀刃，刀刃辅助滑雪者在滑雪中控制速度，保持稳定和安全。目前，厂家生产的滑雪板有三大类：标准滑雪板、中级滑雪板和综合性滑雪板。

标准滑雪板容易转弯，适合于初学者和中等水平的滑雪者。中级滑雪板保持平稳，适合于中等水平和高水平的滑雪者。综合性滑雪板综合以上特点，适合于高水平和专业滑雪者。

2. 选择滑雪板的方法

从材料上看，一般滑雪板有木质、玻璃纤维和金属之分。木质的轻而价格便宜，但易受潮变形，故使用前宜涂抹特制油脂，使其不易粘雪及防止雪水浸入；玻璃纤维滑雪板适合任何雪质的雪地，但价格较高；铝合金的金属滑雪板在深雪及冰面上回转轻便，价格也较高。目前有将这三种材质混合制成的滑雪板，最受滑雪爱好者欢迎。

无论怎样选择滑雪板，我们都必须注意两个基本要素：第一，确保滑雪者能够自如地控制滑雪板；第二，减少危险。根据这两个基本要素，我们在选择滑雪板的长度、宽度和材料时，应根据自身的滑雪技术、能力和身体状况来挑选滑雪板。

选择长度时，参考以下标准：

（1）如果是等于或低于平均重量，身体素质很好，应选择长度与身体一样高的滑雪板；

（2）如果是等于或低于平均重量，但身体素质一般，应选择长度低于嘴以下的滑雪板；

（3）如果是高于平均重量，身体素质也一般，应选择长度与眼睛齐高的滑雪板；

（4）高水平的滑雪选手可选与自己身高一样甚至更高一些的滑雪板；

（5）初学者应选低于眼睛高度的滑雪板。

选择滑雪板的宽度，参考以下标准：

（1）体重轻，滑雪技术中等水平以上，选择窄的滑雪板；

（2）超体重，滑雪技术中等水平以下，选择宽的滑雪板。

选择滑雪板的材料：

（1）追求速度，以大转弯为主，选择硬材料的滑雪板；

（2）追求趣味，以小转弯为主，选择软材料的滑雪板。

综合以上的特点再看，滑雪者在滑雪前一定要了解自己的滑雪能力，包括身高、体重、滑雪的技术水平等。根据滑雪场地的实际情况和自己对滑雪的要求来选择滑雪板和固定器，以保证滑雪的质量和安全。

3. 穿上滑雪板

上板之前要检查鞋底是否有积雪和冰。如果有，要将它除去，保持鞋底平滑、干净后才能上板。上板时，首先将滑雪靴的前端插入前部固定器的凹槽内，将脚从上向下对准固定器的中间压下去，听见"啪"的一声，表明固定器已将滑雪靴的两端紧紧地卡在滑雪板上了。同时止滑器会收起来，后部的固定器也会抬起来。要确保鞋的位置一定是位于固定器的正中间，否则会造成危险。

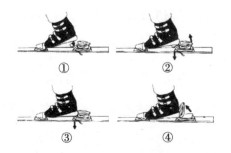

图 2-6　穿上滑雪板

4. 脱下滑雪板

用滑雪杖按住后部固定器使劲下压，随着固定器的下压，滑雪鞋脱离固定器，滑雪鞋与滑雪板就自然分离了。

图 2 – 7　脱下滑雪板

（二）固定器

固定器是将滑雪鞋固定在滑雪板上的装置。固定器前后有一个弹性刻度，弹性的大小可通过固定器上的旋钮来调节。新出售的固定器都附有列表来说明，一般是以人的体重的公斤数对应弹性刻度来表示的。它的重要作用是保证当上下的冲击力超过设定的数值时，滑雪板与滑雪靴自动分离，从而能在适当的时候让滑雪鞋脱离滑雪板，以减少滑雪摔倒时可能造成腿和脚损伤的危险。

在固定器上还有一个小的止滑器。止滑器在滑雪鞋插入滑雪板时收起，在滑雪靴与滑雪板分离时打开。止滑器打开可防止滑雪板不至于滑得太远。

固定器是经过多年科学研究的先进装置，比较精密。所以，在调节固定器松紧度时要具备一定的滑雪专业知识，因为准确地设定固定器弹性的大小能有效地减少滑雪的常见损伤。所有的固定器都严格根据滑雪者的体重、身高，还有对滑雪的要求设定弹性的松紧比率，过松或是过紧都会造成严重的后果。

因此，必须强调：对于那些自己拥有滑雪装备的人来说，滑雪前一定要找一位专业人士帮助调好固定器的松紧。特别是对体重变化很大的人而言，固定器的调整是必不可少的。租用滑雪器具的人，在填写自己的身高、体重以及滑雪水平时一定要准确，不可以含糊，因为这关系到人的生命安全。

（三）滑雪杖

滑雪杖有很多作用，比如辅助推动和转弯，协助保持平衡，帮助滑倒后的站立等。在选择滑雪杖时，一般以本人手臂下垂后，手部距地面的高度作为选择滑雪杖的长度，初学者可选择稍长一点的雪杖，待技术提高后，再选择短一些的雪杖。雪杖上有配带，它可套在手腕上，防止脱落。但是，需要提醒的是，初学者使用雪杖时，应禁止把配带套在手腕上，以防在摔倒时配带缠绕手腕，引发伤害事故。

握滑雪杖的方法如下：将滑雪杖的配带套在手腕上，然后将滑雪杖的配带握在手掌虎口内侧。

第三节　教练员教学准备

一、教学礼仪

（一）滑雪教练员的仪表仪态

教练员的仪表仪态，具体包括仪容、姿态、衣着、举止、风度等，是教练员道德、品质、文化、修养等内在要素的外在特征。教练员的表情、衣着发式、端庄文明的举止、正派的作风、儒雅的风度等，都在影响着体育活动练习者，起到了重要的示范作用。

滑雪教练员仪表仪态的基本要求是：既要有职业美，也要有风度美，即衣着、发式整洁、大方，与职业相和谐；行为、举止稳重、端庄，姿态落落大方。

滑雪教练员应以整洁、朴素、亲切、自然的容貌出现在学员面前，其着装应与滑雪项目相协调，不论服装质量和新旧如何，都应做到得体、端庄、整齐、清洁、素雅。滑雪教练员在岗时的服装不宜花枝招展、奇装异服，更不能披衣散扣；不宜浓妆艳抹，不宜佩戴金银首饰，也不可不修边幅。

滑雪教练员在行为举止方面应表现出稳重端庄和落落大方的精神气质和风度，即言语、举动沉着而有分寸，神情、举止端庄、自然，既不拘束，也不矫揉造作；注意讲究身体的基本姿态，通过正确的站态、坐态和步态，体现自己的精神风貌。在公共场合，一面讲话一面抠鼻子、随地吐痰、乱扔烟蒂等行为，都会影响滑雪教练员的形象。

（二）滑雪教练员的言论谈吐

语言是人们交流思想、联络感情、传递信息的工具和手段。文明的言论、礼貌的谈吐体现了一个人的思维能力、文化素养和道德品质等方面的修养水平。滑雪教练员在谈吐方面需要注意的问题主要有声音美、礼貌称呼和礼仪用语三个方面。

1. 声音美

声音具有表达感情的作用。人的持重与浮躁、坚决与犹豫、爽快与拘谨等内心情感，都可以通过声音的大小、高低、粗细、快慢得以表达。声音美表现在五个方面：

（1）使用低声：用低声比高嗓门要悦耳，说话的音量大到能使他人听清楚为标准。

（2）语调柔和：要增强声音的感染力和吸引力，尽可能使其柔和，避免粗重，要塑造自己温文尔雅的形象。

（3）速度适中：讲话避免连珠炮，尽可能娓娓道来，给人以稳健的印象，也给自己留下思考的余地。

（4）抑扬顿挫：讲话时注意声音高低起伏，抑扬顿挫，避免单调。

（5）吐字清晰：尽力避免口吃、咬舌或吐字不清。

2．礼貌称呼

合乎礼节的称呼表达了对他人的尊重，表现了自己的礼貌修养水平。我国使用最普遍的称呼是"同志"，不论何种职业、年龄、地位、性别的人均可以称为同志；对知识分子、学者或上级平级可以直接尊称其职称或行政职务，如张指导、刘教练、王教授、李大夫、马主任等；对男士可称"先生"，对女士称"小姐"或"夫人"；在体育界，对新结识的人，年长于自己的人，可尊称为"老师"。

在我国使用称呼时还要注意：称呼老师、长辈要用"您"不用"你"，不可直呼其名；初次见面或相交未深，用"您"不用"你"，以示谦虚与敬重；称呼任何人都要尽可能了解其民族习惯、地域习俗，做到尊重对方、不伤害对方感情。

3．礼仪用语

礼仪用语主要是在见面、告别、致歉、感谢时使用的客套话和敬辞。主要有：

（1）问候语：见面打招呼时使用，根据不同情况问候"大家好""您好""你好""早上好""晚上好"等。

（2）感谢语：对别人的帮忙、接受或拒绝他人的款待、赠物时使用。如"谢谢""非常感谢""麻烦你了""好，谢谢"。

（3）道歉语：做了不当的事或不经意打扰了别人，或打断别人的谈话时使用。主要有"对不起""很抱歉""真是过意不去""失礼了""对不起，打扰一下""对不起，打断一下"等。

（4）慰问语：有"您辛苦了""让您受累了""给您添麻烦了"等。

（5）赞美语：有"很好""太好了""太棒了"等。

（6）应答语：有"您不必客气""没关系，这是我应该做的""我明白了""谢谢您的好意""请多指教"等。

（7）征询语：有"您有什么需要帮忙吗？""这样会不会打扰您？""我能为您做些什么？""您不介意的话，我可以看一看吗？"等。

（8）"请"字的运用：多用"请"字可使语气委婉，多含谦虚和尊重对方的意思，如"请您帮我个忙""请您稍候""请您留步""请多关照"等。

二、教学计划的制订和评价

教学计划的制订是反映教练员知识水平和评价教练员训练水平最为直接、客观的指标，因此，一个优秀的教练员应具备制订科学训练计划以及对训练过程有序调控和合理拿捏的能力。

科学教学计划的制订应当基于项目功能特点、专项特点以及训练状态等因素，建立在科学训练理论基础之上。对学员某一周期进行有序化、科学化的运动负荷、运动强度等因素的施加，其中最为关键的因素便是训练强度与教学内容的制订。

作为一名教练员，若想制订出一份合理、科学的训练计划，必须具备扎实、前沿的训练理论与训练方法、开阔的眼界、丰富的实践经验以及不断进取的心态等。

（一）具备扎实、前沿的训练理论与训练方法

科学教学计划的制订是一项复杂、系统的工程，在这个过程中，教练员首先要具备扎实、前沿的训练理论和训练方法，同时还要具备一定基础的运动生理学、运动解剖学、运动生物力学等人体科学知识。在本质上，运动训练对人体所造成的一切运动表象和生理影响都基于人体生理、解剖结构。若训练计划的制订背离了人体生理、解剖的基本结构，那么训练对人体将造成破坏性的影响。

随着现代科学技术的不断进步和发展，人类对自身生理、解剖结构的了

解更加透彻，尤其是运动负荷对人体的影响，在这种背景下，传统的训练理念和训练方法的不足和弊端逐渐地暴露出来。因此，传统的训练理念和训练方法已经远远不能适应和满足现代的科学训练需求，一些新的训练理念和手段不断涌现出来。

新的训练理论和训练方法革新了传统训练手段的保守性，使得运动训练更加开放和包容，但这种形势又使得竞技体育的竞争更加激烈。因此，这就需要教练员和科研人员具备更加先进、前沿的训练理论和方法，否则将不能更好地适应现代竞技体育的发展。

（二）丰富的实践经验

滑雪教练员有很多是运动员出身，在运动员的训练生涯中对滑雪项目的特点（能量特点、技术特点、素质特点等）有着深刻的了解和体验，这将是后期作为教练员科学训练计划制订的关键依据和参考。在执教过程中，通过不断地尝试新的训练方法对运动训练效果进行评定和检验，以形成教练员宝贵的实践经验。从本质上讲，正确的实践经验也源于科学的训练基础和方法，二者存在相互依存的辩证关系。因此，教练员若想制订出科学、有效的训练方法，除依据现代科学训练理论和技术，还需要具有丰富、有效的实践经验，二者缺一不可。

三、教学原则

滑雪教练员应该在教学中根据正确的教学原则合理安排教学进度，通过加强安全教育，严密组织教学，在确保安全的情况下完成教学任务。

（一）安全原则

为保证教学中的安全，滑雪教练员应指导滑雪者掌握和遵守"滑雪者行为规则"。

（1）为他人着想：必须以这样的方式滑雪，即不要将滑雪道上的任何一个滑雪者置于危险或是损伤的境地。控制速度和动作，必须使速度和动作与自身的能力相称，同时也要使其与当时的天气条件、地形状况和雪质相适应。

（2）选择线路：如果正从后面接近其他滑雪者，必须另外选择一条滑行线路，以免危及前面滑雪者的安全。

（3）超越他人：在山上侧或是山下侧，也可能在左侧或是右侧超过另外一个滑雪者时，必须为他的滑行留下足够的空间，前面的滑雪者通常拥有使用滑雪道的优先权。

（4）进入滑雪道和斜向滑行：如果想进入一条滑雪道或是外向穿过一个坡道，必须预先确认山上方和山下方均没有滑雪者。

（5）停止：除非紧急情况，应当尽量避免在滑雪道的中间，在较窄的地段以及不能被看见的地方停下来，如果摔倒，要尽可能快地离开滑雪道。

（6）爬坡：如果正在向一个坡道的上方爬行，一定要在滑雪道的边缘通过，若是能见度差的话，甚至应当避免这样做，对于徒步下山者要求也是同样的。

（7）滑雪道标示物：必须遵守所有的标志、标示物的指示，以及滑雪巡逻队员的指导。

（8）事故中的行为：在发生事故时，应停下来尽可能提供帮助，同时要确保营救队已被通知到，以及事故发生的确切地点也已被告知。

（9）证实：在事故中，不管是事故的当事人还是目击者，都必须如实告知自己的身份。

（二）控制原则

滑雪教练员应指导滑雪者掌握和遵守以下控制原则。

（1）滑雪者要了解自身的技术，选择适合自己的滑行坡度；

（2）滑雪者要控制好自身滑行速度；

（3）滑雪者要控制好与他人的滑行距离；

（4）滑雪者在陌生的雪道滑行时，更要控制好滑行速度并尽快熟悉雪道；

（5）滑雪者要控制好自己的滑行线路。

（三）循序渐进原则

滑雪教练员应指导学员遵循以下练习顺序。

（1）场地方面。从平地到缓坡和陡坡的练习，从平整场地到起伏地形的练习，从短距离到长距离的练习。

（2）技术方面。从原地练习到滑行的练习，从单个动作练习到连续动作的练习，从适应性练习到基础技术的练习。

（3）速度方面。从慢速滑行过渡到中、高速的滑行练习。

（4）雪质方面。从浅雪滑行到深雪滑行的练习，从干燥雪滑行到湿雪滑行的练习，从粉雪和新雪的滑行到冰状雪的滑行练习。

四、组织形式

（一）集体教学

滑雪教练员集合学员在雪道的一侧站好，通过简单、精练的语句为学员解释和说明相关技术动作，并适当地进行动作示范。

（二）针对指导

滑雪教练员在观察学员所学技术时要及时发现学员动作的缺点，针对学员动作上的缺点进行相应的指正和教学。

（三）分组练习

滑雪教练员可以根据学员对动作的领悟和技术的规范性将学员分为两组或多组，这样有利于加快学员的学习进度，提高学员的练习积极性。

（四）讨论提高

滑雪教练员在每次练习或训练结束时可以组织学员进行讨论，由学员说出对动作的困惑之处，教练员予以解答，提升教学效果。

五、教学准备内容和流程

（一）教学前的准备

学习滑雪技术是一个从易到难、循序渐进的过程，学习不同难度级别的技术需要同步解决以下三个方面的问题：第一，适应滑雪器材的重量、长度及滑雪的速度；第二，发展滑雪运动所需的体能，其中主要以平衡、协调和力量为主；第三，逐步理解和掌握技术动作的要领。

1. 正确使用滑雪器材

滑雪者在走上雪道之前，学会正确使用合适的滑雪器材以及进行必要的准备活动是非常重要的，这样既可以使整个滑雪过程安全舒适，也能更好地享受滑雪带来的乐趣。

（1）穿脱雪鞋

先将雪鞋上的绑带和卡扣全部打开，拉住鞋舌，并向异侧脚方向拉出，将脚伸入雪鞋，将鞋舌复位，依次扣上卡扣、勒紧绑带。滑雪鞋踝关节的角度不是完全直立的，这种微屈的踝关节角度有利于在滑行中迅速改变身体重心高度。

（2）穿脱雪板

先清理干净鞋底的雪和杂物，将雪鞋前部伸进前固定器的槽里，对准后固定器用力踩下，然后按同样的步骤穿另一只雪板。

脱雪板时用雪杖尖或手向下压后固定器的锁固柄，使其向上弹起，然后松开雪鞋后部，将雪鞋抬离雪板，再用同样的方法脱掉另一只雪板。

在平地穿脱雪板，没有严格的顺序要求。如果在雪坡上穿雪板，应该先穿山下板，再穿山上板；在雪坡上脱雪板，应该先脱山上板，再脱山下板。

（3）使用雪杖

雪杖的正确握法是：调整握配带的尺寸，手背朝上，手从环状握配带中由下向上穿过，手心朝下将握配带与雪杖握柄一起握在手掌内。初学者一般不必套入握配带，以免摔倒时不能及时丢掉雪杖而造成身体伤害。

（4）携带雪板

正确地携带滑雪板可以减少对器材的损伤，同时也减少对他人的意外伤害。正确携带雪板的方法主要有三种：肩扛雪板、单手提板和双手抱板。

①肩扛雪板。将两只雪板的板底相对放置，板头朝前平扛在肩上，有固定器的一端置于肩膀后并抬高板尾，这样就不会碰撞到其他人。

②单手提板。将两只雪板的板底相对并在一起，确保两只雪板的止滑器相互咬合，然后竖起雪板，板头朝上，单手环抱雪板，手指勾住固定器前端卡槽，顺势提起雪板并紧贴身体，另一只手握双杖。

③双手抱板。将两只雪板立起，板底相对放置，然后将雪板横置抱起至胸前，两肘分别置于两固定器外侧。此方法适用于力量较弱的妇女和儿童，在抱板行走过程中要注意避免碰撞到他人。

（二）滑雪前的热身

考虑到冬季的气候特点，滑雪者有必要进行滑雪前的热身准备活动，这样不仅有利于提高滑雪的技能，还能降低发生运动损伤的风险。

1．准备活动的意义及作用

准备活动的意义在于通过一般性活动获得生理上的一些变化，使身体各个器官和系统很快适应滑雪运动，从而提高练习的效果，防止意外的运动损伤。

2．准备活动的顺序与内容

准备活动可以在陆地不穿板或雪上穿板进行，通常先慢跑、后做操，练习时间和练习强度要适当。准备活动还可以增加其他练习，如原地的穿板或不穿板的技术动作练习，进一步明确和掌握技术动作的要领。

（1）绕板慢跑。将雪板和雪杖放在雪地上，围绕雪板进行慢跑练习，中间可穿插加速跑、反向跑达到热身的效果。

（2）准备活动操。通过准备活动操可以适度增加关节、韧带、肌肉的活动范围，尽快适应正式练习的技术动作质量要求，提高练习效果，预防运动损伤。原则上准备活动操按从上到下的顺序进行，例如，按头颈部、上肢、腰腹、下肢的顺序进行。

头颈部运动：两脚开立与肩同宽，双手叉腰或自然垂于身体两侧，头部进行上、下、左、右和旋转运动，最大限度活动颈部，注意控制动作的节奏和速度。

上肢运动：活动肩关节，屈曲双肘做肩部环绕，逐步加大环绕的幅度；活动腕关节，两臂向前伸直，一只手抓住另一只手的手指向后拉，做轻微的震颤，然后换手练习；也可以利用雪杖做辅助工具活动上肢，如持杖压肩。

腰部运动：双脚开立与肩同宽，双手叉腰，做体侧运动和腰部的环绕运动，注意控制动作的节奏，逐步增大动作幅度。

体转运动：双脚开立与肩同宽，双手置于雪杖两端，放于颈后，抬头挺胸；依次向身体两侧旋转上体，动作幅度逐渐加大。

踢腿运动：将雪杖置于身体两侧，支撑身体保持平衡；右腿后摆至最高点，顺势向前摆动；逐渐增大摆动幅度，双腿轮流交替进行。

提膝展髋：将雪杖置于身体两侧，支撑身体保持平衡；单腿支撑，另一腿向上提起并保持雪鞋贴近支撑腿，大腿带动向外旋转展髋，然后慢慢放下；交换支撑腿，做另一腿的提膝展髋练习。

下肢运动：弓步压腿，前腿大腿与地面平行，双手放于前腿膝关节上，做轻微的振动，然后换腿练习；侧压腿，单腿承重，另一条腿伸直，做轻微的振动，然后换腿练习；一腿支撑，另一腿向前拉伸大腿后部腘绳肌。

（三）适应性练习

1. 不穿板的练习

根据从易到难的教学原则，为了适应滑雪运动，应先进行不穿板的练习。主要用来适应雪鞋重量，在没有滑动的情况下体验滑雪运动，提高掌握滑雪技术所需的能力。

（1）不持杖走步、慢跑，使滑雪者适应雪鞋的重量，提高对雪鞋的控制能力。

（2）持杖行走，注意雪杖前后摆动、撑杖位置和上下肢的协调配合等。

（3）各种滑降和登坡的基本姿势模仿练习，为后期的穿板练习打好基础。

（4）犁式站姿体验各方向重心移动的练习，发展滑雪者控制身体运动的能力。

（5）腿部旋转动作练习，发展滑雪者通过腿部旋转控制雪板变向的能力。

2．单雪板练习

通过穿单雪板的移动、转向和滑行练习，适应器材的重量、长度和雪板的滑度，练习控制板的能力，解决初穿雪板带来的行动不便问题。

（1）双手持杖撑于身体两侧，用不穿板的腿支撑，穿板腿做抬板练习。

（2）双手持杖撑于身体两侧，用不穿板的腿支撑，穿板腿做板尾推开、收回练习。

（3）双手持杖撑于身体两侧，用不穿板的腿支撑，穿板腿做前后滑动练习，适应雪板的滑度。

（4）在双腿交替移动过程中，双杖分别支撑于雪鞋外侧，向后撑动，注意穿板腿在向前移动中不能抬板，体验雪板不离雪面的滑步，适应雪板的滑行。

（四）教学流程

规范的教学流程是把学习内容进行合理规划，使学员按照安全、科学的教学步骤由易到难掌握滑雪技术。无论短周期的训练营，还是一堂独立的训练课，都应遵循基本的教学流程。教学流程一般包括以下几个步骤：

1．队列组织

无论一对一还是一对多或者团体课的教学，滑雪教练员都应合理组织队列。如果是平地教学内容，应尽量安排在平坦开阔且人员密度较小的地方；如果在雪道上教学，应紧靠雪道一侧组织教学。在一组学员沿雪道依次练习时，做完练习的学员要在雪道一侧明显的位置站立等候，后续练习的学员在动作完成后，要从站立在雪道最上端的学员身后绕行，滑至队伍最下端，依次站立。这样不仅可以使教学更加规范、有序，同时也可以最大限度地保证学员的安全。

2．相互介绍

在教学的开始阶段，滑雪教练员和学员应进行相互介绍，以增加相互之间的了解和信任。滑雪教练员可以介绍自己的姓名、滑雪经历和从业年限、滑雪场地、器材和服务设施。通过学员的自我介绍,滑雪教练员可以得知学员的滑雪经验、年限水平以及滑雪需求,为后续的教学提供参考。

3. 检查评估

滑雪教练员要对学员的健康状况、器材和装备进行必要的检查,并对学员目前的技术水平进行分析和评估。

(1)了解基本情况

通过观察和询问,了解学员的健康状况,比如有无疾病、外伤和饮酒等情况,以及学员目前掌握技术的情况,并对学员状态做出评估,决定是否可以进行教学、教学目标如何设定等。

(2)检查器材和装备

①确保使用的雪板与滑雪者的滑雪技术、体重、身高相匹配。初学者最好选用弹性好、长度短、转弯半径小、轻便的滑雪板。

②雪板上的固定器可以根据滑雪者的体重与滑雪技术进行调节,选用调节功能操作方便的固定器,务必确保固定器的正确调节,查看其脱离强度是否调到最恰当的位置。

③雪鞋需要贴合脚部,务必选择合适尺码与款式的雪鞋,使脚踝能够保持自由屈曲的灵活性。

④滑雪手套必须贴合手部,这样可使手部保持适合的温度。专用滑雪手套五指分开,掌心部有耐磨层,能够达到防水、保暖、不沾雪和不妨碍手部动作的要求。

⑤应佩戴保暖舒适的滑雪帽,以预防感冒和冻伤,使头部热量不会过度流失;在进雪场时,应佩戴头盔,减少头部受伤风险。

⑥为了保护眼睛并且保证滑雪安全,尤其在下雪、刮风和阳光特别强的环境下,应戴好滑雪镜。

⑦长发和头巾要处理好,首饰、手机等物品应妥善安放。

4．课程设计

滑雪教练员汇总前面了解的情况，根据学员的年龄、性别、经历、滑雪年限、运动能力和要求等，并参考当天的天气、雪况等因素，有针对性地设计课程目的、内容、练习方法和预期目标。

5．讲解技术

滑雪教练员要用简单、明晰的专业术语为学员讲解滑雪技术的动作原理和动作要领，同时可结合视频播放、技术示范进行直观教学，在讲解中应注意用词的准确性和专业性。

6．动作示范

动作示范是滑雪教练导员将滑雪技术进行完整或分解展示。示范可单独进行，也可配合讲解同时进行，目的是使学员对所学技术有进一步的了解和认识。在示范时要注意动作规范、标准，并适当放慢动作节奏，使学员看得更清楚；如有必要，可进行正面、侧面和后面等不同角度的示范。

7．指导练习

给学员练习的机会，使其更好地体会所学技术并在练习过程中提高滑行能力。滑雪教练员应在学员练习过程中给予适时的指导，并针对学员的表现及时调整练习难度和练习方法，使学员的滑行技术逐步提高。

8．反馈总结

滑雪教练员在每组练习后应及时给学员反馈，这不仅有助于学员改进技术，同时也会使学员感受到自己被关注而更加积极地学习。另外，滑雪教练员应通过积极的言语鼓励学员进一步提高滑雪水平，并通过这样的交流加深彼此的印象，提高信任度。在每次训练课结束之后，滑雪教练员应利用几分钟的时间对当次训练进行简短的总结。总结主要针对当次课的训练情况和效果，并回答学员的问题，最后对下次课提出建议和要求。

第三章

教学技巧与方法

第一节　滑雪基本动作的教学

一、穿雪鞋的雪地练习

练习场地：平雪地

为了能够尽快地适应和控制滑雪鞋，进行以下的适应性练习。

（一）走路（练习平衡）

图 3 –1　走路

从基本站姿开始，身体放松，自然站立，双脚保持平行，与肩或髋同宽。两眼目视前方，膝关节稍向前弯曲，收腹，臀部稍向上提，双手自然向前伸至与腰部平齐。

先迈出右脚，再迈出左脚，如此反复，通过走路来练习平衡。

基本站姿很重要，要确保站姿正确，再进行走路练习。

（二）向上引体

图3-2　向上引体

从基本站姿开始，双脚不动，踝关节、膝关节、胯关节做屈伸动作，双臂保持不动，做向上提引。

（三）左右脚平行向前滑

图3-3　左右脚平行向前滑

从基本站姿开始，双脚平行与肩同宽，左脚向前滑，然后换右脚继续向前滑，如此反复，练习滑雪时的平衡。

（四）交换抬单脚

图 3 - 4　交换抬单脚

从基本站姿开始，双脚平行与肩同宽，双臂抬起与腰部同高，前臂与地面平行，左脚向上抬后放下，再抬起右脚。在抬起单脚时尽量让鞋底平行于地面。

（五）脚尖固定，脚跟外旋（单脚）

图 3 - 5　脚尖固定，脚跟外旋（单脚）

从基本站姿开始，双脚平行与肩同宽，双臂抬起与腰部同高，左脚脚尖不动，左脚脚跟向外旋出，旋出时右脚保持不动。右脚旋出时与左脚相同。

（六）脚尖固定，脚跟外旋（双脚）

图 3－6　脚尖固定，脚跟外旋（双脚）

与单脚脚跟外旋相同，双脚平行与肩同宽，双臂抬起与腰部同高。双脚脚尖不动，脚跟同时外旋。

（七）双脚平行左右跨步

图 3－7（1）　双脚平行左右跨步

如图 3 - 7（2）中的①②③④⑤所示，抬左腿向左跨步之后，再抬起右腿，向着右侧跨步，待右脚落地后，左脚顺势向上抬起，再次放下置于地面，如此反复练习左右跨步。注意重心的移动。

①   ② 向上抬   ③ 向左跨步   ④ 右脚向上抬   ⑤

图 3 - 7（2）　双脚平行左右跨步

双脚平行与肩同宽，双臂抬起至腰部，前臂与地面平行，左脚向上抬起，并向左跨步，左脚落地后，右脚顺势抬起，之后落地。注意双脚跨步时鞋底尽量平行于地面。

（八）双脚平行左右旋转

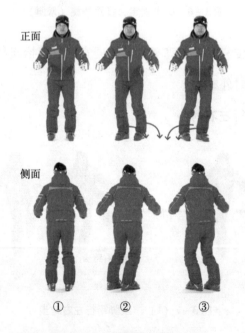

正面

侧面

①   ②   ③

图 3 - 8　双脚平行左右旋转

双脚平行与肩同宽，双臂抬起至腰部。双脚间保持平行，上肢保持不动，下肢向左或向右旋转。

（九）八字登坡法往坡上直走

滚落线

图3-9　八字登坡法往坡上直走

由坡地开始，先抬右脚，往坡上迈步，然后再抬左脚迈步。向上迈步时，双脚间呈倒"八"字形。

（十）双脚平行往坡上横走

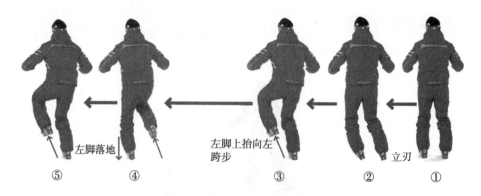

左脚落地　　　　　左脚上抬向左跨步　　　　　　立刃

⑤　　　　④　　　　　　　③　　　　②　　　　①

图3-10（1）　双脚平行向左往坡上横走

如图3-10（1）所示，当斜坡在左侧时，首先左右脚同时偏向左侧立刃，然后左脚向上抬起，并向左跨步，左脚落地后，右脚跟着向左迈步，如此反复。注意跨步时双脚尽量保持平行。

①　　　　②　　立刃　正面　向右跨步　③　　　　④　　　　⑤

图3-10（2）　双脚平行向右往坡上横走

如图3-10（2）所示，向右往坡上横走与向左的动作要领相同。

二、单雪板的雪地练习

练习场地：平雪地

通过此练习来达到单雪板直线向下滑的目标。

（一）抬单板

图 3 - 11（1） 左脚抬单板正面　　　　图 3 - 11（2） 左脚抬单板侧面

由基本站姿开始，左脚穿上滑雪板，双手手持滑雪杖，左脚携单板向上抬起，单板尽量与地面保持平行。

图 3 - 11（3） 右脚抬单板正面

换右脚穿上滑雪板，携单板向上抬起，双手握好雪杖，保持好重心，然后练习右脚抬单板。单板尽量与地面保持平行。

图 3 - 11（4） 右脚抬单板侧面

（二）板腰固定，板尾外旋（单脚）

通过此练习，能达到通过腿部驱转，使雪板外旋的目的。

左脚脚后跟外旋

图 3 - 12（1）　　板腰固定，板尾外旋（左脚）正面

图 3 - 12（2）　　板腰固定，板尾外旋（左脚）背面

左脚穿雪板，从基本站姿开始，左脚脚后跟外旋，注意保持半腰不动。

右脚脚后跟外旋

图 3 - 12（3）　　板腰固定，板尾外旋（右脚）正面

图 3 - 12（4）　板腰固定，板尾外旋（右脚）背面

右脚穿雪板，从基本站姿开始，然后右脚脚后跟外旋，注意保持半腰不动。

（三）单雪板外推

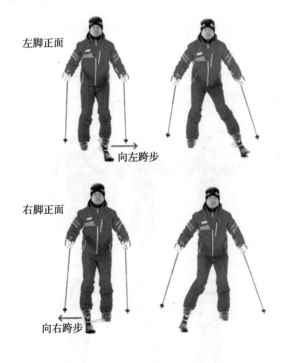

左脚正面　　　　　　　　　向左跨步

右脚正面　　　　　　　　　向右跨步

图 3 - 13　单雪板外推

左脚穿雪板，从基本站姿开始，右脚不动，单板向外推，右侧同理。

（四）单雪板往山上横走

图 3 - 14（1） 当斜坡在左侧时，单雪板往山上横走

当斜坡在左侧时，眼望向山坡，左右脚同时偏向左侧立刃，然后左脚向上抬起，并向左跨步，左脚落地后，右脚跟着向左迈步，如此反复。

图 3 - 14（2） 当斜坡在右侧时，单雪板往山上横走

当斜坡在右侧时，眼望向山坡，左右脚同时偏向右侧立刃，然后右脚向上抬起，并向右跨步，右脚落地后，左脚跟着向右迈步。雪杖要跟雪板的移动同步进行，每一步不要过大，注意跨步时双脚尽量保持平行。山在哪边，头就偏向哪边。

（五）单雪板直线向前推滑

图 3 - 15（1）　单雪板直线向前推滑

双腿交替移动过程中，双杖支撑于身体两侧交替撑动。注意，穿雪板的腿在向前移动时不能抬板，另一只脚向前蹬动。身体保持平衡，重心不能向后。

直线滑行

图 3 - 15（2）　单雪板直线向前推滑，保持直线滑行

注意：在滑动时，身体前后、左右保持平衡。左脚向前滑动时只能向右转弯，右脚向前滑动时只能向左转弯。尽量保持直线滑行。

第二节 高山滑雪技术教学

一、高山滑雪基础技术教学

（一）双板原地练习动作

练习场地：平雪地

1. 高山滑雪站姿

上肢放松，背部线条与小腿线条平行，注意不要过度弓背。目视前方，膝关节微屈，成120°左右，双臂放在身体两侧，双手自然前伸，双板平行均衡负重，双板的间距与髋同宽。

图 3－16（1） 高山滑雪站姿正面和侧面

2. 站姿——重心的前后移动

图 3－16（2） 重心向前

保持基本站姿，身体大幅度向前倾斜。

图 3 - 16（3）　重心居中

保持基本站姿，身体微微前倾。

图 3 - 16（4）　重心向后

保持基本站姿，身体大幅度向后倾斜。

图 3 - 16（5）　重心的移动

注意随着坡度的大小适当调整重心的位置。

3. 向上提引

图 3 - 16（6） 向上提引

双脚穿雪板，从基本站姿开始，双板不动，踝关节、膝关节、髋关节做屈伸动作，双臂保持不动，做向上提引，练习引身动作。

4. 板尾外旋

左板尾向外推　右板尾向外推

图 3 - 16（7） 板尾外旋（单板）

从基本站姿开始，双脚平行与肩同宽，双臂抬起至腰部，左板板尖不动，板尾向外推出，旋出时右板保持不动。右板旋出时与左板相同。

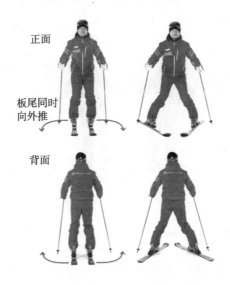

图 3 - 16（8）　板尾外旋（双板）

从基本站姿开始，双脚平行与肩同宽，双臂抬起至腰部，双手握住雪杖，并稳定住重心，双板板尖不动，板尾同时向外推出。

5．单板外推

图 3 - 16（9）　单板外推

上肢保持基本站姿的姿势，双脚平行与肩同宽，左板向外推出，右板保持不动，然后将左板收回，右板向外推出，左板保持不动。反复练习。

6. 交换抬左右单板

图 3 – 16（10）　交换抬左右单板正面

板底尽量保持平行于地面，板头或板尾不要翘起。

图 3 – 16（11）　交换抬左右单板侧面

从基本站姿开始，双脚平行与肩同宽，左板向上抬，板底与地面保持平行，然后放下，再抬起右脚，反复练习。注意在抬起单脚时尽量让板底与地面平行。

7. 双板平行左右跨步

图 3 – 16（12）　交换抬左右单板侧面

抬左板向左跨步之后，再抬起右板，向着右侧跨步，待右板落地后，左板顺势向上抬起，再次放下置于地面，如此反复练习左右跨步，注意双板要平行。

双脚平行与肩同宽，左板向上抬起，并向左跨步，左板落地后，右板顺势抬起，之后落地。注意双板跨步时板底尽量平行于地面。

（二）双板原地转变方向

练习场地：平雪地

1. 原地移动转向

（1）板头移动法

移动时，板尾固定不动

注意板尾不要交叉

图 3－17（1） 板头移动法

双板平行，板尾固定。

从双板站姿开始，迈出右脚向右转，每次分开的距离不要过大，然后收回左脚，保持双板平行之后，继续向右迈出右脚，然后收回左脚，双板保持平行。

（2）板尾移动法

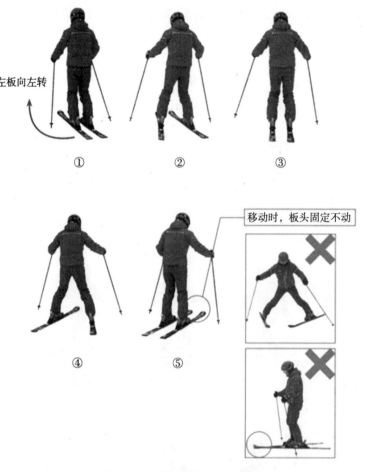

图 3 – 17（2）　板尾移动法

双板平行，板头固定。

从双板站姿开始，迈出左板向左转，每次分开的距离不要过大，然后收回右脚，保持双板平行之后，继续向左迈出左板，然后收回右板，双板保持平行。

注意双手握杖与双脚雪板的配合。

2. 原地180°掉头

图3－17（3）　原地180°掉头

雪杖支撑身体两侧保持平衡，左板或右板负重，右板或左板向前上方踢起直立，直立板以板尾为轴向后转动180°，雪杖跟随身体转动，另一只雪板抬起收回到平行对齐。

图3－17（4）　原地180°掉头

注意：如在山坡上原地 180°转动时，山上板负重，山下板向后转动，为了身体保持好平衡，雪杖要跟随雪板转动，始终在身体两侧支撑。

（三）双板平雪地行走

1. 交替滑行

①　　　　　　②　　　　　　③

图 3 – 18（1）　　交替滑行

双板平行交替向前滑走，迈出的步伐不宜过大。

2. 同时推进滑行

①　　　　　　②　　　　　　③

图 3 – 18（2）　　交替滑行

双杖前摆，同时上体前引，双杖支撑在固定器前端两侧，双臂用力向后撑。

④   ⑤

图 3 – 18（3） 同时推进滑行

左板向前时右杖前摆支撑在右侧雪板外侧位置，依次左右交替滑行。撑动时降低重心，双板保持平行，同时向前滑走。

（四）双板登坡技术

1. 交替登坡

①   ②

图 3 – 19（1） 交替登坡

双板平行，滑雪杖支撑身体两侧保持平衡，右杖撑住、左杖前摆，右腿前摆、左腿蹬动。

2. 横登坡

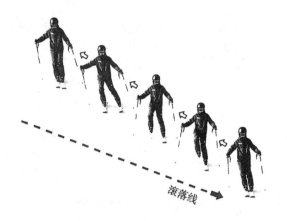

图 3-19（2）　横登坡

双板平行，垂直滚落线（山坡），双膝略弯曲，同时向山上倾斜，利用山上板的外刃和山下板的内刃固定身体，防止下滑。

③　　　　　④　　　　　⑤

图 3-19（3）　横登坡

右杖摆动、左仗撑住，右腿蹬动、左腿前摆，依次交替登坡。注意：交替登坡过程中，步伐不宜过大，以便迅速移动身体重心，避免雪板脱滑，用力撑住滑雪杖不能滑动。

先移动山上板，随后山下板收回平行，依次重复移动。双杖支撑身体两侧保持平衡，配合雪板同时移动。山上板移动时山下板承重。登坡时注意观察上方来人，避免意外发生。

3. 八字登坡（V 式登坡）

③

②

①

正面

侧面

图3-19（4）　　八字登坡

身体朝向山上，双板呈 V 字形（调倒"八"字），利用两板内刃刻住雪面。滑雪杖支撑在身体后方，左板承重时右板前移，左杖抬起，右杖撑在身后，依次完成。登坡时注意板尾不能交叉。

（五）魔毯

1. 如何上魔毯

图 3 - 20 （1）　上魔毯

　　首先，双板平行，站在指定位置上，准备上魔毯时身体略向前倾（防止被惯性影响而导致身体向后摔倒）。然后，小碎步式慢慢移动到魔毯上，身体站直保持平衡。

2. 如何下魔毯

图 3 - 20 （2）　下魔毯

　　准备下魔毯时，身体略向前倾（防止因惯性而导致身体向后摔倒）。利用滑雪杖支撑，自然向前滑行即可。

二、高山滑雪初级技术教学

（一）直滑降

练习场地：初级道（稍缓的小坡）

直滑降是在山坡上自上而下地下坡直线滑行，是滑降中的一个重要的基础动作。它是滑行时阻力最小的滑降技术，适合第一次从坡上向下滑行的初学者。最好在坡度稍缓的小坡上练习。

动作要点：

（1）全身放松，身体不要太僵硬，心情要轻松，逐渐培养信心。

（2）双板平行，距离与髋同宽，身体重心居中，两板均匀承受压力。

（3）收紧腹部，臀部稍向上提，腰挺直，切勿向下坐。

（4）脚踝、膝关节、髋关节微屈伸，身体微向前倾（鼻子、膝盖、脚趾在一条线上）。

（5）双手自然向前伸。

（6）目视前方，向下直滑，直至停止。

（7）随着坡度的大小适当调整重心，坡度越陡，身体前倾幅度应越大。

图 3-21　直滑降示意图

初学者开始学习直滑降的姿势时要采用高姿势，也就是高山滑雪的基本姿势。在下坡的滑降中注意身体重心要根据坡度前移，使重心与地面形成垂直角度，避免重心向后。

根据不同速度采用不同的滑降姿势，速度慢采用高姿势，随着速度加快，重心也要相应降低，而且双板间距要随之变化，以保证滑降的稳定性。

（二）犁式滑降与制动

练习场地：初级道

犁式滑降是最重要的滑雪基础动作，它是"八"字形的下坡滑行技术。犁式滑降是不改变滑行方向的减速或停止滑行的最简单的滑行方法，它利用"八"字形增加雪板的阻力，达到减速或停止滑行的目的。除了板尾分开的宽窄程度以外，板的立刃和用刃的强弱变化也影响滑行速度。当犁式滑降的板尾分开的宽度、立刃和用刃的强度达到一定限度时，滑行就会停止。高山滑雪的这种停止技术叫"犁式制动"。

动作要点：

（1）犁式滑降，减速及停止姿势类似于直滑降姿势。

（2）在直滑降动作的基础上，同时将板尾向外推开，形成犁式（内"八"字形）。

（3）犁式两板板尖距离约 10 厘米。

（4）使脚踝、膝盖及下颌在一条直线上。

（5）板尾越宽，滑降速度越慢。

（6）整个滑降过程要慢，雪板受力要均匀。

图 3-22　犁式滑降与制动示意图

双板尾部分开呈前窄后宽的"八"字形，双板板尖分开的距离控制在10厘米左右。上肢放松，双臂在身体两侧自然分开，目视前方，双膝稍屈，立板内刃，双板均衡负重。

（三）犁式斜滑降

练习场地：初级道

犁式斜滑降是用犁式滑降的方式与滚落线成一定角度的自上而下的滑降。

图 3-23　犁式斜滑降示意图

动作要点：

（1）由犁式滑降姿势开始，斜对滚落线（雪坡）向下滑行。

（2）山下板的承重及立刃角度略大些，身体形态已经不完全对称。

（3）身体重心向山下偏移。

易犯错误：

（1）不能完全体会脱滑。

（2）上肢过度向山下侧倾斜。

（3）易产生板尾或板头部分的脱滑，而不是两板全部脱滑。

（四）斜滑降

练习场地：初级道

斜滑降是在山上朝下坡斜方向滑行的技术。斜滑降广泛应用于各种转弯中，大部分转弯是斜滑降进入，然后再以斜滑降结束。

动作要点：

（1）在山上朝山下斜方向站立，目视前方。

（2）双臂放松，自然分开。

（3）山上板的位置比山下板稍稍靠前，或双板对齐。

（4）以膝关节压向山上板，上肢向山下侧倾斜，山上板外刃和山下板内刃保持稳定。

（5）双板均衡负重，或重心在山下板上。

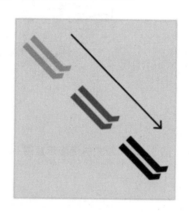

图 3－24　斜滑降示意图

由于山坡是个斜面，在斜滑降时，靠近山顶那条腿为山上板，靠近山下的那条腿称为山下板。

（五）横滑降

练习场地：初级道

横滑降是沿滚落线（斜坡）的方向横板的下坡滑行。一般在复杂地形的陡坡中，安全利用横滑降可以达到控制速度的目的。

图 3 – 25   斜滑降示意图

动作要点：

（1）双板横在坡面上，膝关节压向山上板。

（2）立起山上板外刃和山下板内刃。

（3）利用刃的强弱变化控制滑行。

（4）山下板比山上板用刃要弱一些，这样才能顺畅地横滑降。

（5）横滑降时重心移到后脚跟，方向向雪板前下侧方改变；重心移到前脚掌，滑行方向为雪板的下侧方向。

（六）犁式 J 形转弯练习

练习场地：初级道

犁式转弯是高山滑雪转弯技术中最基础的，它的技术简单，容易掌握。犁式转弯能让滑雪者在身体各部位变化很小的情况下进行转弯，原因在于犁式板形已经形成转弯的角度，轻微地向一侧移动重心或用力，就会引起外侧板（主动板）内刃压力的增加而开始转弯。

动作要点：

犁式转弯分四个阶段：准备阶段、开始阶段、调整阶段、结束阶段。

（1）准备阶段：踝关节、膝关节、髋关节开始带动身体，向山下移动上肢。

（2）开始阶段：利用外侧腿为主旋转腿向内旋转，内侧腿跟随。

（3）调整阶段：屈伸双腿，外脚压力因坡度大小做适当的调整。

（4）结束阶段：转弯后开始进入下一个弯，前外侧板承重的压力逐渐降低。

（5）注意前后的平衡，重心的移动，手和头的位置。

（6）犁式转弯的速度快慢，取决于双板角度和立刃角度与雪面接触时产生的阻力与摩擦力。

（7）雪道坡度选择很重要，一定要循序渐进。

（8）在犁式 J 形转弯的练习中，时时注意保持犁式直滑降姿势基本不变化。

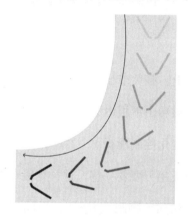

图 3-26　犁式 J 形转弯反方向示意图

在犁式 J 形转弯的练习中，时时注意保持犁式直滑降姿势基本不变化。

（七）犁式 S 形转弯

练习场地：初级道

犁式转弯有三种方式：第一种在犁式直滑降状态中向一侧雪板移动重心（横移重心），促使该雪板成为主动板，形成犁式的自然转弯；第二种在犁式直滑降状态中加大一侧雪板的立刃，使其产生较大的雪面阻力，促使该雪板成为主动板，形成犁式的转弯；第三种在犁式直滑降状态中，强化一只雪板的蹬转力，将该雪板变为主动板，实现犁式转弯。这三种方式应根据具体情况来选用，很多时候是综合运用这三种方式，但应以第一种方法为主。

以犁式直滑降的姿势为前提，左右腿与雪面仍然保持三角形，不要向后坐。逐渐向右侧雪板移动重心（加大右雪板负重力），此时左雪板减轻负重或不负重。右雪板必然开始向左自然转弯，成为转弯的主动板，同时左雪板被动地跟随右雪板向左转动，成为从动板。尽量保持面向山下。向左转弯完成之后，延续一段向左的犁式斜滑降，然后按同样的方法向右转弯。

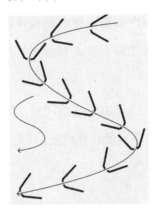

图 3 - 27　犁式 S 形转弯路径示意图

（八）半犁式转弯

练习场地：初级道

半犁式转弯技术是指滑雪板呈半"八"字形进行转弯的一种技术。通过半犁式转弯可以体验转弯时的身体姿势和平衡的调节。可以通过半犁式连续转弯的练习，提高对重力移动、用力程序，以及雪板的移出、变刃、收并等动作的控制能力。

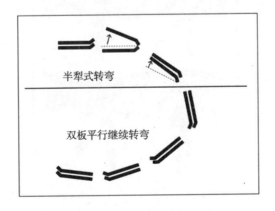

图 3 - 28　山上板推出法示意图

山上板推出法：呈横滑姿势，山下板承重。随时准备点杖。然后山上板向外移出呈半犁式，点杖，移重心。在移动的过程中，应利用踝关节的伸展使重心稍上升。山上板移出呈半犁式后，此板承重，并保持这种滑雪板状态滑入滚落线。

内侧板不承重，开始收内侧腿，将内侧板并行到外侧板。逐渐并行，加大外侧板的蹬雪力量。收板结束，进入双板平行的横滑降状态，进入下一个转弯。

要点：山上板被向外蹬出呈半犁式的同时，要移重心，利用踝关节的伸展将重心稍稍提升。转移重心时要自然放松。

（九）蹬冰式滑行

练习场地：初级道

图 3－29　蹬冰式滑行

蹬冰式滑行是提升滑行速度的技术，主要使用于没有加速度或加速度小的平地或缓坡。竞技滑雪中，为了增加出发速度，运动员会在比赛的出发阶段采用蹬冰式滑行技术。

蹬冰式滑行步骤：蹬冰式滑行时，右腿单腿支撑，左腿收回与右腿平行，撑杖的同时下蹲，之后推杖的同时，左腿向前跨出，右腿侧蹬，左腿负重，左腿单腿支撑滑行，继续下一个运动周期。

三、初学者常见错误动作成因及改正

初学者首次接触高山滑雪时，最重要的一环就是学会制动。在对 100 名我国滑雪者的调查中发现，有 44 人曾经因为滑雪运动受过总计 91 次的损伤，这与大多数滑雪新手不能很好地掌握滑行技术要点有很大关系，容易产生错误动作，从而造成身体损伤。另外，参与滑雪时间短，影响我国滑雪者的运动水平，初学者发生事故的概率要远高于高水平滑雪者。

因此，犁式滑行是初学者必须掌握的一种基本滑行技术。初学者可以运用这项技术停止滑行、减速、控制滑行和转弯，避免在滑行中造成身体损伤。

（一）犁式滑行中的常见错误及改正

犁式滑行时，应上身放松，身体重心在前脚的内侧，不能后坐，在滑行中使双板的板尾打开，呈"V"字形，身体的重量均匀地分布在两只雪板上，双膝和踝关节内旋以使两只雪板的内刃立起并刻于雪面上。滑降时，做小犁式，板头之间的宽度控制在一拳左右，不要交叉。同时板尾距离不宜过大，制动时，在小犁式的基础上增加板尾打开的宽度，使滑雪板内刃的立刃角度增大，加大与雪面的摩擦力，降低滑行速度或停止滑行。

1. 双脚发力不均，导致板头交叉

初学者在犁式滑行时，最常见的错误之一就是板头距离无法控制在一拳至两拳之间，形成板头交叉，这会导致其中一侧板的内刃无法刻雪，重心失控，造成运动损伤，而板头距离不可控的主要因素归根结底在于双脚发力不均。由于双脚对雪板的施压不同，单侧腿发力较弱，会形成板头前后交错的情况，同时重心落后，板头晃动，更容易让板头交叉重叠。

对于双脚发力不均，造成板头交叉的初学者，建议通过加强单侧腿部旋转来解决，在原地加强单侧膝关节与踝关节的内旋，进行推雪，两腿交替练习，同时注意滑行过程中保持双腿一致性。

2. 缺乏腿部旋转，导致板头距离过大

初学者在滑行时，往往无法保证两板打开呈"V"字形，于是板头距离的问题就随之而来，无论板头距离过大还是过小都会使犁式板型不规范。板头距离过大主要是腿部旋转不够所致的膝关节与踝关节缺乏内旋。

对于板头距离过大的初学者，有两种体会腿部旋转的方式，第一种建议初学者脱下雪板，原地做腿部旋转练习，雪鞋在雪面上抹"蝴蝶结"；第二种建议初学者穿上雪板，单腿抬起并旋转腿部，体会膝关节与踝关节的内旋，双腿交替练习。这两种方式可以加强初学者转腿能力，改善犁式板头距离过大的问题。

3. 膝踝关节过度弯曲，影响正确滑行姿态

在学习犁式滑行时，许多初学者都会过度追求做出犁式板型的动作，使雪板形成"V"字，加大立刃角度，但忽略了正确的犁式滑行姿态，导致膝踝关节过度弯曲，形成夹膝盖的错误动作。

对于这类初学者，建议巩固犁式滑行姿态。首先，原地多次复习犁式板型的正确打开方式，注意双腿打开，髋关节外展。其次，原地进行犁式跳跃，身体呈基本站姿，摆出犁式板型，腿部发力向上跳起，腾空落地后尽量保持正确滑行姿态与犁式板型，控制膝关节与踝关节的弯曲程度。

（二）半犁式滑行中的常见错误与改正

所谓半犁式滑行技术，就是在犁式转弯过程的后半段，从动板向主动板平行和靠拢的过程。很多高水平滑雪者在滑行时，两板都保持平行状态，这

样的滑行方式可以让滑雪者站在更高、更陡的雪道上滑行并随时制动，但初学者很难从犁式滑行直接进阶到平行式滑行，因此初学者需要进行半犁式滑行的学习。半犁式滑行是犁式进阶到平行式的重要过渡环节。半犁式转弯主要分为 3 个不同阶段，分别为出弯阶段保持平行（基础半犁式）、弯中阶段保持平行（中级半犁式）和入弯阶段保持平行（高级半犁式），不同阶段的半犁式主要取决于雪板变为平行的时机，当初学者从基础半犁式进阶到高级半犁式后，经过不断练习就可以完全进阶为平行式滑行。

1. 外侧板承重不理想，导致转弯时内侧板抬起

在双板滑雪教学中，发现初学者经常出现转弯时内侧板抬起直接与外侧板平行的问题。其原因在于转弯时没有及早建立外板平衡，外侧板承重较少，导致内侧板承重，进而出现内侧板脚踝不能翻转，无法使内板跟随外板与之平行并做出内板外刃触雪的正确动作，造成转弯时内侧板不能持续接触雪面。

对于转弯时内侧板抬起的初学者，建议教练员在教学中提醒初学者充分建立外侧板平衡的意识，让学员明白外侧板承重的重要性。同时给予相对应的辅助练习手段，如鹤弯滑行，鹤弯分为出弯阶段（基础鹤弯）、弯中阶段（中级鹤弯）和入弯阶段（高级鹤弯）三种类型，不同阶段的鹤弯主要取决于抬起内侧板的时机。

初学者首先练习基础鹤弯，在出弯时将内侧板的板尾抬起，板头接触雪面，充分体会外侧板平衡的建立。随着不同阶段的鹤弯滑行，学员会逐步提升外板平衡的意识，主动建立外板平衡，从而通过鹤弯的练习，改善内侧板抬起的问题，提高初学者的滑行水平。

2. 内侧板脚踝没有翻转，导致转弯时内侧板卡刃

在半犁式转弯中，常见错误动作的表现形式为内侧板脚踝没有翻转，内板脚踝是否外翻是出弯阶段两板平行的关键所在。很多初学者容易忽略这一技术细节，因而在基础半犁式的滑行中会出现内侧板卡刃的严重问题。

对于转弯时内侧板卡刃的初学者，建议平地练习半犁式动作，以板头为中心，使内侧板跟随外侧板平行，在充分体会内侧板不承重、压力建立在外侧板的基础上，重点注意翻转内侧板脚踝，使内板的外刃触雪，自然回收内板，与外板平行。指导员需要随时关注学员在滑行中内侧板用刃的情况，如果发现错误，应在教学过程中充分鼓励学员，提高他们学习的积极性，通过清晰讲解与多角度示范，使学员进一步理解脚踝外翻的重要性，从而不断向更高的滑行水平进阶。

第三节　单板滑雪技术教学

一、陆上练习

（一）专项徒手练习

1. 三角拉伸

动作要领：双腿开立与肩同宽，一只脚尖向前，另一只脚尖向外，两臂侧平举掌心向前；上体向脚尖向外的一侧侧向伸展，直至同侧手尖触碰到脚面；恢复准备姿势。换另一个方向重复以上动作。

作用：加强臀部和腰部肌肉的拉伸。

图 3-30　三角拉伸

2．蹲坐拉伸

动作要领：双腿并拢，双臂前平举，掌心向下；上臂保持不动，保持后脚跟着地下蹲；起立恢复准备姿势；上体保持不动，将后脚跟提起下蹲。

作用：提高身体平衡性控制能力，加强膝关节和踝关节的拉伸。

3．交叉膝盖抬起

动作要领：平躺，双臂张开，双腿提膝弯曲；将一侧腿抬起，踝关节放在另一条腿的膝盖上，成交叉状；保持交叉姿势，将支撑腿向上抬起，小腿和大腿成90°；恢复准备姿势。换另一侧练习。

作用：加强臀部和背部肌肉力量，控制身体平衡。

4．侧向拉伸

动作要领：双腿开立与肩同宽，一只脚尖向前，另一只脚尖向外，两臂侧平举，掌心向下；脚尖向外的一侧腿向侧跨出一步，下压成侧弓步；站起，同侧手臂放在体侧，对侧手臂伸向头顶，上臂靠近耳侧；再次形成弓步，上举的手臂侧展，同侧手臂伸向弓步踝关节；恢复准备姿势。换另一个方向重复以上动作。

作用：拉伸大腿内侧和上体两侧肌肉。

（二）专项器材练习

1．绳梯侧向转身跳跃

动作要领：一只脚站在绳梯的方块里，另一只脚在绳梯外，双臂提起，做好起跳准备；身体向内旋转90°跳跃，双脚跳入相邻两个方格内身体向外旋转90°跳跃，一脚内一脚外；连续跳跃向前行进。

作用：体会滑行中身体旋转的感受。

2．绳梯180°转身跳跃

动作要领：一只脚站在绳梯的方块里，另一只脚在绳梯外，双臂提起，做好起跳准备；身体向内旋转180°跳跃，双脚跳向前方格；身体向外旋转

180°跳跃，双脚跳向前方格；连续跳跃向前行进。

作用：体会滑行中身体快速旋转保持平衡的感受。

3. 绳梯分腿单足跳

动作要领：双腿分开跨在绳梯的边缘两侧，双臂提起，做好起跳准备；跳起向前，左脚落于绳梯内格；再次跳起，双腿分开落于绳梯两侧；向前跳起，换右脚落于绳梯内格；连续向前跳跃。

作用：提高身体保持平衡的能力。

4. 障碍栏侧向跳跃

动作要领：侧向站立，做好滑行的基本姿势；模仿穿滑雪板跳跃，侧向跳跃障碍栏；落地仍然形成基本滑行姿态；连续跳跃障碍栏。

作用：巩固滑行中基本滑行姿势，提高重心控制能力。

5. Z 形移动跳跃

动作要领：侧向站立，做好滑行的基本姿势；模仿穿滑雪板 Z 形滑行跳跃，侧向跳过标志物；落地仍然形成基本滑行姿态；连续跳过标志物。

作用：感受陆地滑行中身体的移动和重心的转移。

二、单板滑雪运动技术

（一）单板滑雪运动的原理

1. 平衡性运动

单板滑雪的平衡是指在滑行时，滑雪者针对阻力调整动作，保持自己身体平衡的能力。这需要在运动中结合运动的方向和姿势等多种因素进行有效调整才能实现。单板滑雪的平衡包括防止摔倒、控制转弯、保持节奏等平衡动作，其原理是克服自身重心移动，不断保持动态平衡。

2. 运动模式

单板滑雪是一种需要通过持续动作来控制雪板和保持平衡的运动。单板滑雪动作可以分解成以下四个方面：

（1）垂直运动

垂直运动即利用身体或身体部位上下移动。当滑雪者通过髋、膝、踝三个关节联合运动，把身体向上或向下移动时，垂直运动便会发生，以此来管理滑雪板向下的压力。下压和伸展这两个动作就像山地自行车的减震装置，保持运动中的平稳。如果缺乏有效的垂直运动，雪板在滑行时就会产生震颤和弹动，从而影响平衡。

（2）旋转运动

旋转运动指身体绕着垂直轴的运动，可以分为上体旋转与下肢旋转。以髋关节为界，髋关节以上发起的旋转为上体旋转，反之为下肢旋转运动。

（3）前后运动

前后运动指身体向前或后的运动形式，即人体沿着矢状轴的前后方向运动。做单纯的前后运动可以实现滑雪板的立刃。两脚控制相反的前后运动可以产生对于滑雪板的拧转作用。

（4）左右运动

指身体沿着矢状轴的左右方向，即滑雪板沿着额状轴方向的运动。左右方向的运动可以改变前后脚的压力变化。

3．滑雪板的作用

滑雪板在滑行过程中首先起到的是分担重量，减小摩擦力，提高滑行能力的作用。此外，它还在身体横向、纵向、垂直或旋转移动时，通过立刃、拧板、轴转或弯曲变形等方式配合滑行者改变滑行状态。

滑雪板的立刃角度受立刃和拧板的动作影响，主要通过横向运动实现。压力的产生和管理是通过垂直运动结合纵向运动，令滑雪板弯曲变形而实现的。这既可以从板头到板尾，也可以产生正拱形变或使形变消失。转向主要通过旋转和横向动作而产生，需要在轴转和立刃之间寻找一个平衡点。

（二）单板滑雪基本技术

1. 运动前的准备活动

（1）集中注意力练习；

（2）穿雪鞋，围绕雪场平缓坡慢跑两圈；

（3）行进间操（20 米 ×2）：即边行进边做徒手操，往返一次；

（4）活动各关节。

2. 基本技术动作

（1）穿脱滑雪鞋、滑雪板

动作要领：将滑雪鞋的外层鞋带解开，将鞋舌下压露出内层绑带，解开内层鞋带，穿好鞋子，将内层鞋带先系好绑紧，然后系外层鞋带。

把滑雪板放在平坦的雪面上或与坡面成 90°摆放；滑雪板的板面朝下、板底朝上放置，防止滑走；首先用一只手扶住滑雪板或固定器，打开固定卡口；把绑带打开放置在固定器两侧；向后立直固定器的背板后将一只脚放进固定器里。先扣紧脚踝处绑带，后扣紧脚尖处绑带。穿好一只脚后以同样的方式穿另一只脚。

（2）正确拿滑雪板行走

动作要领：将滑雪板的板面面向身体外，板底面向身体；将手臂置于两个固定器之间，手指拖住向下的板刃；将滑雪板夹在手臂下固定，自然向前行走。

（3）基本站姿

动作要领：双脚紧靠固定器站在滑雪板上，或站在滑雪板的防滑垫上；体会双脚的重心分布平均，感受放松踝、膝和髋关节；髋部、肩部与双脚的连线保持一直线，躯干直立放松，双臂放松置于身体两侧；目光看向行进方向。基本滑行时，也应保持该姿势。

易犯错误：在移动滑雪板时未能保持平衡，弯曲身体时只弯腰而不屈膝、踝、髋关节。

纠正方法：强化基本姿势，目视前方。

（4）身体垂直移动

动作要领：滑行时身体通过垂直移动来控制给予和吸收滑雪板的压力。

下压：弯曲膝、踝、髋关节，拉近臀部与雪面之间的距离。

易犯错误：膝关节弯曲不充分，身体僵硬。

纠正方法：身体放松，增加膝关节灵活度。

（5）身体前后移动

动作要领：基本滑行姿势站立；身体做微下压动作的同时膝关节前顶，带动身体前倾，使重心在雪面投影点前移至脚尖，感觉身体力量压在前脚趾；身体站起，回到基本滑行姿势；身体微微下压，髋关节后顶，带动身体后移，使重心在雪面投影点后移到脚跟，体验身体力量落在后脚跟的感觉。

易犯错误：前倾或后倾角度过大。

纠正方法：向前或向后微立起即可。

（6）身体侧向移动

动作要领：从基本滑行姿势开始，臀部以上作为一个整体，向身体的左或右进行移动，移动幅度不应过大。

易犯错误：移动幅度过大。

纠正方法：最大移动至能够保持平的状态即可。

（7）侧向移动摸板尖

动作要领：身体侧向移动的加强版，臀部向身体一侧移动的同时，将手臂也向同侧方向移动至触碰板尖为止。

易犯错误：侧向移动时身体过于前倾。

纠正方法：保持基本滑行姿势，身体保持在一个水平面进行侧倾。

（8）平地立刃

①平地立前刃

动作要领：立前刃时，在基本站立姿势的基础上，将两臂展开，提起脚跟，脚尖向下压前刃，屈膝向前，髋关节保持原位，上体稍稍向后，目视前方，力量均匀分布在两脚之间。

易犯错误：髋关节移动，失去平衡。

纠正方法：保持髋关节的位置不动，调整上体不要过于向前倾斜。

②平地立后刃

动作要领：立后刃时，在基本站立姿势的基础上，将两臂展开，抬起脚尖，脚跟向下压后刃，膝关节伸直，髋关节保持原位，上体稍稍向前，目视前方，力量均匀分布在两脚之间。

易犯错误：髋关节移动，失去平衡。

纠正方法：保持髋关节的位置不动，调整上体不要过于向前或向后倾斜。

（9）原地跳跃180°变向

动作要领：先在平坦的雪面上分别练习双脚同时跳跃和半周旋转。后将两个动作结合起来，用肩部带动身体移动，跳跃与旋转同时进行。

易犯错误：空中失衡。

纠正方法：起跳时双脚同时用力，控制髋关节在中心的位置，落地缓冲。

（10）单脚蹬滑

动作要领：后脚置于后刃后/前刃前，站立于滑雪板上，单脚放置的位置不超过前脚固定器；后脚轻轻向前推，感受雪板在下面滑动；将后脚放置在前后固定器的中间；后脚以小步缓慢前进，板头指向行进方向推动前脚一并前进。

易犯错误：眼睛看脚下，重心移动到蹬动腿上，上体前倾，蹬动脚前脚掌踩板。

纠正方法：重心始终放在前脚上，手臂指向滑行方向，双眼目视前方。

（11）单脚滑行

动作要领：蹬动雪地，滑雪板滑动加速，同时将后脚靠在后脚固定器旁，保持滑行状态直到滑雪板自然停止。

易犯错误：做出不稳定的滑行动作。

纠正方法：使用流畅渐进的动作来帮助平衡。

（12）单足固定登坡

动作要领：面坡站立，面向下坡方向，后脚置于滑雪板前刃前，滑雪板垂直于坡道，立起雪板，让雪板前刃在雪面吃住劲，屈曲前膝和踝关节，后脚走一小步，前脚抬起，将整个雪板移至后脚后跟处，让雪板再次抓紧雪面；上体前倾角度随坡度变化，上体和手臂放松，目光向前观察，头颈自然放松。

易犯错误：雪板前刃撞到自由脚，雪板前刃落雪后不能保持垂直于滚落线，导致雪板侧滑。

纠正方法：掌握登坡节奏，用力不宜过大，上体不得前倾或后仰。

（13）单蹬—滑行—停止系列动作

①单蹬—滑行—后刃停止

动作要领：蹬动动作同单蹬单滑的动作；蹬动后自由脚迅速踏上单板；身体恢复基本滑行姿势，保持一段自由滑行；后刃停止动作开始时，后脚逐渐用力向后用后刃推雪成横向；逐渐转体，身体向后倒，加力推雪到停止，维持平衡。

易犯错误：后脚推雪用力过大；身体后倾角度过大；推雪停止时双腿过直。

纠正方法：在滑行过程中不可用刃，身体重心在两脚之间，目视滑行方向。

②单蹬—滑行—前刃停止

动作要领：蹬动动作同单蹬单滑的动作；蹬动后自由脚迅速踏上单板；

恢复基本滑行姿势，保持一段自由滑行；前刃停止动作开始时，后脚逐渐用力向前用前刃推雪成横向；逐渐转体，身体向前倾倒，加力推雪到停止，维持平衡。

易犯错误：后脚推雪用力过大；身体前倾角度过大；推雪停止时双腿过直。

纠正方法：在滑行过程中不可用刃，身体重心在两脚之间，目视滑行方向。

（14）直滑降

动作要领：登坡至平缓地一小段坡上，自由脚站稳后，轻轻转动固定脚，从而转动滑雪板使整个滑雪板朝向山下。

转移身体重心于固定脚，平稳启动滑行。同时自由脚站在两固定器之间，靠近后固定器处。

身体保持基本滑行姿势，直线滑行至平地后自然停止。

易犯错误：重心置于板尾。

纠正方法：增加前腿的重量分布和前脚下的压力。

（15）单脚固定转向（J形转弯）

①单脚固定后刃转向

动作要领：登坡，启动滑行，以直滑降开始；身体重量压在前脚，以前脚为轴，肩、髋、膝、踝关节同时朝向后刃方向旋转；柔和地施加压力与旋转力量，使滑雪板在直滑降过程中逐渐朝后刃方向转动并形成J形转弯至停止。

易犯错误：力量施加太突然，造成旋转过度。

纠正方法：使用后刃时，屈曲脚踝和膝关节。

②单脚固定前刃转向

动作要领：缓坡启动滑行，以直滑降开始；身体重量在前脚，以前脚为轴，肩、髋、膝、踝关节朝前刃方向旋转；柔和施加压力与旋转力，使滑雪板在直滑降过程中逐渐朝向前刃方向转动，并形成前刃 J 形转弯至停止。

易犯错误：压力施加太突然，造成旋转过度。

纠正方法：使用前刃时，屈曲踝和膝关节。

（16）安全摔倒与站起

①安全摔倒

动作要领：安全摔倒分向后摔和向前摔。

具体动作如下：

向后安全摔倒：当处于失衡的状态时，屈膝向后躺倒，双腿抬起。

向前安全摔倒：当处于失衡的情况时，双臂弯曲于胸前，向前扑倒。

易犯错误：失去平衡以后挣扎。

纠正方法：失去平衡先做好准备姿势，重心降低。

②站起

动作要领：可分为坐起、跪起两种方式。

坐起：站起时需先坐地，用板的后刃压住雪面，向重心反方向起身，站稳即可。

跪起：站起时需先跪地，用板的前刃压住雪面，向重心反方向起身，站稳即可。

易犯错误：无法利用刃。

纠正方法：站起时避免向重心反方向过度偏移，可加大立刃角度。

（17）后刃推坡

动作要领：用舒服和放松的姿势站立，髋部平衡在后刃上，感受双脚轻轻压在滑雪板上。滑下时，轻轻把髋部和膝部移至雪板上方并轻轻压低脚尖，身体微微站起对动作会有所帮助。减慢或停止，把髋部后移至后刃上，并轻轻提起脚尖来减速或停止。放松及轻微屈膝有助于动作完成，持续做出动作直至停止。

易犯错误：前刃卡刃。

纠正方法：弯曲膝关节，把髋部置于后刃上方。

（18）前刃推坡

动作要领：使用基本姿势，髋部平衡在脚趾肚上，感受小腿几乎压在鞋舌上。开始下滑时，轻轻释放小腿在鞋舌上的压力，把髋部移回滑雪板上方，板便会开始滑动。身体微微站起对动作会有帮助。至减速并停下，屈膝并放松踝部，把髋部前移到脚趾肚上方。感受胫骨压力再次累积在鞋舌上。持续做出动作直至雪板停下。

易犯错误：后刃接触雪面，被动摔倒。

纠正方法：用直立的基本站姿把髋部重心移动于前刃上方，同时屈膝和踝关节，把重心放在前刃上。

（19）后刃落叶飘

动作要领：后刃推坡开始，压力平均分布在双脚的后脚跟上，轻轻地用手臂引导转体方向，开始转体。移动右膝和臀部，重心到右脚脚尖上，同时缓缓放平右脚尖，保持这个姿势，让雪板平稳地滑向右方。要停止的话，把手臂、右膝和髋部移回右脚脚跟上，把压力再次平均分布在双脚的后跟。要令雪板滑向左边，使用左膝和髋部重复以上动作。

易犯错误：眼看脚下，重心后坐，转体不充分。

纠正方法：上体保持直立，双手在身体两侧打开，双眼看向滑行方向。

（20）前刃落叶飘

动作要领：从前刃推坡开始。小腿胫骨前方均匀地压在雪鞋上板尖对准前进方向，开始提高重心、转体，轻轻地伸直左膝关节并将左膝向左脚外侧移动，同时轻微地放平脚后跟，释放小腿在雪鞋上的压力，进入前刃斜滑降，控制滑行方向，保持滑行的直线性。要停止时，弯曲左膝和左脚趾，两腿胫骨压力再次平均分布在雪鞋的鞋舌上。要令雪板滑向右边，使用右腿重复以上动作。

易犯错误：眼看脚下，重心后坐，转体不充分。

纠正方法：上体保持微微前倾，双手在身体两侧打开，用余光看向滑行方向。

（21）斜滑降

动作要领：利用整条雪道的宽度，将重心平衡在后刃上，从坡道的一侧横穿到另一侧。与落叶飘一样通过转体、踝部和前膝产生拧板，并把板头稍微朝向滚落线。板尖对准行进方向，保持双脚重心一致并让视线穿过坡道看向行进方向。在坡道的另一边停下时，缓缓拧板至推坡姿势。由于还没有学会直接转身，只好先坐下翻身到另一侧刃上，再重新开始重复练习直至适应动作。

易犯错误：板未能向横切方向移动，反而往山下滑降。

纠正方法：把板头指向山下，然后将身体平衡在后刃上。

（22）花瓣式滑行

动作要领：花瓣式滑行包含了转弯的发起和完成阶段；开始与搓雪横切一样，通过小幅度拧转滑雪板，当雪板朝滚落线方向移动时，把前膝朝山下转动和轻微转动髋部来帮助发起动作；当转出滚落线时，渐进地转动前膝和髋部，以驱动雪板转向，用与开始转弯时同一方向的横切结束；横穿雪道，连续做以上动作，形成花瓣式滑行轨迹，在终点停下后翻身，重复做另一侧刃反方向的同样动作。

易犯错误：害怕把滑雪板转向至滚落线上。

纠正方法：练习落叶飘和横切，培养把重心平均分布在双脚上的习惯。

（23）J形转弯—直滑—后刃

动作要领：一个初级的改变滑行方向的技术，直滑降增加滑行速度后进行后刃转弯；转弯至雪板与山坡滚落线垂直。

易犯错误：后刃无法立刃。

纠正方法：移动髋关节至脚跟后方，加大压膝和踝关节的角度。

（24）J形转弯—直滑—前刃

动作要领：一个初级的改变滑行方向的技术，直滑降增加滑行速度后进行前刃转弯；转弯至雪板与山坡滚落线垂直。

易犯错误：前刃无法立刃。

纠正方法：移动关节至脚跟前方，加大压膝和踝关节的角度。

（25）C形转弯

动作要领：C形转弯，在一侧刃上开始，转向另一侧刃上。完成一个换刃的转弯，但无须对下个转弯做准备。跟花瓣式滑行一样，以穿坡横切开始，拧板旋转，使板头进入滚落线；待板底与雪面贴合，板头直指滚落线下方时，轻微伸展髋部横过滑雪板继续移动，在另一侧刃上平衡，完成换刃；换刃时机非常关键，要完成整个转弯，渐进地旋转髋部和膝部，把滑雪板柔和地转出滚落线，如同花瓣式滑行一样；视线穿过坡道看向行进方向。

易犯错误：发起转弯感到困难（常见于前刃转弯上）。

纠正方法：保持身体纵向居中，更容易做出拧板动作。

（26）拧转180°

动作要领：拧转180°实际上就是重心的转移和身体的旋转运动。从基本滑行姿势开始斜滑降，此时身体的重心放在后脚；将重心从后脚迅速转移到前脚，同时以前脚为轴，向前旋转180°；落地后前刃滑行。

易犯错误：身体失衡，旋转不到位。

纠正方法：身体保持在一个水平面上，以一个脚为圆心，垂直水平快速旋转。

（27）360°旋转

动作要领：由后刃转到前刃，前刃转到后刃；从直滑降开始，进行正脚的前刃转弯接反脚的后刃转弯；反之一样，注意进行练习时目视滑行方向，身体重心保持在中间。

易犯错误：身体失衡，旋转不到位。

纠正方法：身体保持在一个水平面上，以一个脚为圆心垂直水平面快速旋转。

（28）正向旋转180°

动作要领：滑行过程中从斜滑降开始，正脚后刃斜滑降；身体下压，以身体的垂直轴起跳，向前旋转180°；前刃落雪后，按照双脚前刃斜滑降滑行。

易犯错误：无法前刃落地。

纠正方法：旋转落地时保持膝关节和踝关节前压，保持基本站姿。

（29）反向转180°

动作要领：基本姿势正脚前刃斜滑降滑行；身体下压，同时沿垂直轴起跳，沿背后方向旋转180°后刃落雪后，按照反脚后刃滑降滑行。

易犯错误：无法后刃落地。

纠正方法：旋转落地时保持膝关节和踝关节后压，保持基本站姿。

（30）跳跃换刃

动作要领：推雪转弯，正脚前刃转弯进入出弯阶段时，身体下压做起腿姿势；在转弯最后一刻借助滑行力量起跳，身体正直向上，双脚做从后向前的运动。将板刃由前刃换成后刃；落雪后，按照正脚后刃滑行，在此转弯进入结束阶段最后一刻起跳，由后刃换成前刃；以此方式进入滑行，换跳跃换刃入弯。

易犯错误：单脚起跳。

纠正方法：保证滑行中重心移动，起时重心跟着向前移动。

（31）单个转弯

动作要领：后刃开始，压力平均分布在双脚的后脚跟上，轻轻地用手臂来引导转体方向，开始转体；移动右膝和臀部到右脚上，加大立刃角度，保持这个姿势，让滑雪板平稳地滑向右边；若要停止，把手臂、右膝和髋部移回右脚脚跟上，把压力再次均匀分布在双脚的后跟；要使雪板滑向左边，使用左膝和髋部重复以上动作。也可以从前刃开始，那么就要让滑雪板滑向左方；单个转弯形状为英文字母"C"形。

易犯错误：身体前倾或后倾过大。

纠正方法：立刃时控制身体重心。

（32）连续推雪转弯

动作要领：从单个转弯开始，将原来的刹车变为继续滑行，然后做下一个转弯；在转弯连接时保持前进动能，同时确保前一个转弯的完成阶段有良好的控制。开始练习时，利用长距离横切，留出充分的时间为下一个弯做准备，并能游刃有余地寻找合适的转弯点，同时避开其他滑雪者。随着信心增加，减少横切长度，并确保目光看向行进方向。

易犯错误：非工作刃接触雪面，前刃失去前进动能。

纠正方法：重心和髋部向上提升并移动到新刃上。目光看向行进方向，而不是向山上看。

（33）ollie 跳

动作要领：雪板前端起跳；滑雪者使用板尾或板尖起跳，然后以平板落地。雪板后端起跳练习时应从平坦的滑雪面开始。

保持基本滑行姿势，然后把髋部移动至板尾的方向；保持上半身与雪面平行；利用滑雪板的板尾起跳，在空中时与双膝同时弯曲收起，身体重心回到中心，平稳下落（提示：在练习时，双眼保持目视滑行方向，有助于保持平衡）。

雪板前端起跳练习时，应从平坦的雪面开始；保持基本滑行姿势；然后把髋部移至板尖的方向；保持上半身与雪面平行；利用雪板的板尖起跳，在空中时双膝同时弯曲收起，身体重心回到中心平稳下落（提示：在练习时，双眼保持目视滑行方向，有助于保持平衡）。

易犯错误：无法跳起。

纠正方法：起跳中两脚形成跟随式，起时微微有收腿动作（与高抬腿动作相同）。

第四节 解决学员问题和困难的教学方法

一、学员在学习过程中产生问题和困难的原因

（一）恐惧与自卑心理

诱发学员对于学习滑雪产生畏惧情绪状态的因素是多种多样的，从运动技能的学习与认知态度的角度看，不同的学习与认知态度使大脑皮层产生不同的机能反应。学员对滑雪学习的恐惧认知是客观因素刺激大脑皮层，使原来大脑皮层的动力定型受到破坏，从而产生的一种消极情绪。

恐惧心理是一种防御性的心理状态，会产生包括防御反射在内的一系列生理反应。恐惧心理不但影响进入运动准备状态的时间，而且在运动技术的学习中也就是滑雪课的教学中，也是一个阻碍进步的因素。由于恐惧而始终不能掌握正确的动作，这一现象不仅体现在初次上滑雪课上，就是有了一定基础以后也有这种情况。例如，有些学员在技术已经很完善，但就是不离开基础雪道进入更高级的雪道，偶尔离开一次结果摔得很重，再也不往高处去，只在低处徘徊。因此，心理素质差也是恐惧心理产生的重要原因之一。

有些学员穿上雪板没走几步便连续跌倒，就会对滑雪产生深深的自卑心

理，特别是一些心理素质、意志品质较差的学员表现得更为明显。这部分学员认为自己不如别人，不能完成或掌握运动技术，而产生轻视自己的消极心理。对于具有自卑感的学员而言，产生恐惧心理是非常普遍的现象，虽然具有体育自卑心理的学员并不多，但存在体育自卑心理导致的恐惧心理却是很严重的问题。因此，由学员的自卑心理产生的恐惧心理是影响学员滑雪课学习效果的重要因素之一。

（二）对以往受伤事故的再现

由于滑雪运动的受伤概率较高，会使部分学员自己的运动创伤史或耳闻目睹同伴受伤情景重现，从而导致恐惧情绪的产生。特别是自身有运动创伤史的学员以及身体伤病未痊愈的学员，更有"一朝被蛇咬，十年怕井绳"的不良心理体验。

学员对滑雪运动创伤及受伤情景的联想会引起学习的负效应，这种不良的心理体验与技能学习之间相互竞争的反应会产生严重的干扰作用，导致其对滑雪技术学习长期处于消极状态。

（三）练习动机模糊

在雪场中经常可以看到有一定滑行基础的初学者，为了炫耀自己的技术，按自己的想法滑行，不愿听从教练员的要求进行练习，导致滑行动作不规范，滑行姿态不正确，容易造成运动损伤，同时逐渐形成了错误的理论体系与滑行观念。

对于这种情况的初学者，建议教练员首先培养学员正确的学习动机和强烈的求知欲，使他们对学习技术本身产生兴趣。应该肯定学员良好的滑行基础并给予鼓励，在不打击他们自信心的基础上，耐心讲解他们在滑行中出现的错误动作，在纠正错误动作时，注意循序渐进地疏导学员的不良心理情绪，讲明道理，避免造成不必要的身体损伤。

（四）意志力匮乏

在技术动作的教学中，有些学员往往因某项技术动作无法掌握而造成进步缓慢，甚至停滞，参与滑行的热情降低、意志力薄弱，或因为原本的错误动作已经定型，纠正难度大，因而对滑雪完全失去信心，产生厌学心理，使错误动作更加难以纠正。

建议教练员在教学过程中，对于缺乏意志力的初学者，首先可以在练习中进行语言鼓励，可能会收到意外的效果。其次，教练员在教学时应运用心理纠正法，掌握学生学习的心理特点，培养学生纠正错误动作的决心和毅力。另外，初学者自身可以利用思维脑补法，在脑海里想象自己完整并成功地完成预设的动作，应尽量灵活自如地控制思维，多角度地在头脑中练习想要完成的动作，通过"由内向外的学习路径"提高滑行技术，从而解决滑行时意志力匮乏的问题。

（五）身体素质与运动能力

具有一定的身体素质与运动能力是完成运动练习的基本条件。对滑雪运动而言，需要良好的力量和耐力，以及良好的身体平衡与协调能力。身体素质、运动能力稍差的学员在学习复杂的技术和进行难度练习时会产生一定的困难。例如，在相同的技术动作练习阶段，身体素质、运动能力稍差的学员掌握技术动作的程度明显不如力量、耐力、平衡和协调能力较强的学员。

（六）雪质对初学者的影响

由于在不同雪场和不同时间段滑行时，雪质会有一定的变化，因此初学者在滑行时会明显感觉滑行不稳定，技术动作不到位。原因是在重力的作用下，初学者在向下滑行时，速度会越来越快，所以在面对这一情况时会有不同程度的恐惧心理。在相同的坡度下，粒状雪比较松散，滑行阻力和推雪阻力较小，滑行速度较快，给初学者带来的心理压力较大。另外，当天气回暖时，表面积雪融化，形成一层"冰面"，人在上面滑雪时非常不容易掌握平衡，对初学者来说，这样的雪道会使滑行速度更快，很难用板刃在冰面刻雪进行制动，容易造成重心失控，出现错误动作而受伤。雪质的不同和变化会直接影响滑雪者的心理状态和动作的准确性。

因此，初学者应在教练员的建议下选择较好的雪质，尽量在压雪机工作后形成的"面条雪"上滑行，这种雪质有利于提升自身的技术水平，而且对于增强自信心有很大的帮助。与此同时，应根据不同的雪质，调整滑行速度和动作幅度，形成正确的滑行动作，避免受伤，获得更加良好的滑雪体验。

（七）板长度对初学者的影响

随着我国滑雪场以及滑雪人数的增多，雪场旺季时的工作量也在大幅增加，因此可以发现部分雪场雪具大厅的租赁雪板区域，经常出现工作人员为了加快人员流动，随意出板的情况。这会使初学者拿到与自身情况不符的雪板，严重影响其在滑行中的体验，甚至导致运动损伤和滑行事故的发生。对此，建议雪场安排工作人员培训，增加工作人员数量，增加租赁窗口数量。

滑雪板的长度会在一定程度上影响初学者的滑行。较长的雪板在滑行时稳定性强，但不易控制转弯；较短的雪板在转弯时灵活性强，但缺乏稳定性。滑雪初学者选择初学者板的要求，一般是板身的弹性较好，滑雪板的长度不超过滑雪者的身高或与肩部同高，这样的板长可以使滑行更舒适，更容易控制技术动作，降低初次滑雪的难度。

（八）雪鞋样式对初学者的影响

大部分初学者都对雪板持有浓厚的兴趣，但忽视了雪鞋的重要性，忘记了当雪鞋踩进固定器后，它就成了雪板的一部分，其实雪鞋对滑雪效果的影响要比雪板和其他装备更大。在雪场中，常常见到初学者穿着单扣雪鞋，这种雪鞋对脚踝的包裹性差，在滑行中不能精准地将腿部力量传导给雪板，从而影响滑行时的动作质量。建议初学者在滑雪场对雪鞋进行升级或自己购买多卡扣的雪鞋，这类雪鞋具有良好的包裹性能，能够将身体各运动关节发出的力量均匀地传至雪板，从而提高初学者对雪板的控制能力，提升滑行技术水平。

二、提高滑雪教学质量的方法、手段

（一）制订合理的教学计划

有效的教学课程是滑雪教学的核心，应该根据不同阶段、不同年龄段和不同技术水平的学员制订相对应的教学课程。

一个科学的教学计划应该包含以下内容：滑雪的基本技能和基本动作，包括怎样加速、如何制动、如何平衡等；由浅入深的技术教学，逐步提高学员的技能水平；在教学过程中，对学员进行有关技巧的讲解与反馈，帮助学员了解自身的技能水平，在教练员指导下快速提高自身的技能水平。

混乱无序的教学容易出现危险事故，致使学员的恐惧心理加重。因此，加强滑雪课的组织与规划，使学员有秩序地做准备活动、上索道和练习动作，可以很有效地消除学员的恐惧心理，提高教学效果。

（二）选择合理的教学内容，提高运动素质

由于大多数学员没上过滑雪课，因此在教学内容的选择上，教练员应以蹬冰式滑行步伐、犁式滑行、犁式转弯、蛇形转弯为基本内容，按由易到难、由简到繁和循序渐进的原则，合理制订教学计划，引导学员逐步掌握技术，培养适度的成功心理，提高自我效能感。

例如，在第一堂滑雪课前一天安排一堂理论课教学，对滑雪环境中存在的危险因素、安全保护、索道使用和滑雪板的安全检查等问题进行讲解，目的是强化理解理论课中的安全知识，这一堂课可安排在室内结合多媒体教学，也可以安排在滑雪场上进行现场教学示范讲解。

在第一次滑雪课上，主要以适应雪鞋、雪板，熟悉雪性，体验腿部及踝关节的用力为主。要求技术简单，练习强度小，只要能独立行走或左右双脚蹬滑即可，既不让学员感到疲劳，又能从中体验到滑雪的乐趣，同时对部分没有按照安全规则进行练习的学员，再次进行强化性讲解，确保安全知识铭

记于每个学员的脑海中。

教学实践表明，让学员清楚地了解滑雪中损伤产生的原因和预防措施，能有效地保护身体、防止受伤，对提高滑雪水平和更好地锻炼身体是非常有益的。预防学员滑雪过程中受伤始终是教学的重要内容和主要环节，如滑雪服应选择具有保暖、防水、防风功能的面料，但不能太光滑，否则在跌倒下滑时会无摩擦力；色彩应该鲜明，使人在雪中易辨认；人体有20%的热量是从头部散失的，所以帽子的选择必须能够保暖、防水和遮住鼻子，选择头盔时还应具备面罩，可以防风雪；眼镜应为光感镜片或依环境不同而能更换镜片，能防风、防雪、防强光，避免发生雪盲症；选择适合自己的滑雪鞋与滑雪板，这是保证学员在滑雪中安全的第一步。

学员的运动素质在运动时表现为力量、速度、耐力、柔韧和灵敏等各种运动能力。学员运动能力的差异，导致运动技能学习的差异，体育教练员制订的教学内容合理性还表现为根据学员运动能力的差异，按不同运动素质、不同基础和不同教学阶段来设置教学目标和选择相应的教学内容，有利于调动不同对象的学习兴趣和积极性，使滑雪教学更具有针对性。在明确教学目的和任务的同时，只有采用区别对待的教学方法，不断提高学员的运动素质与技术水平，使运动素质与技术水平相互促进，才能取得良好的滑雪教学效果。

（三）明确学习的目标，消除恐惧心理

1. 明确学习目标

学员在高山滑雪技术学习过程中，明确的学习目标，是教学效果最重要的影响因素。滑雪教练应制订不同教学阶段的学习目标，使学员的每一次练习都具有强烈的动机和饱满的热情，淡化恐惧心理。因为对于那些害怕使用索道，以及对场地周围的树木甚至防护网产生恐惧感的学员而言，如果不很好地消除他们的恐惧心理，则会使他们不能正确掌握技术动作，甚至做出错

误动作，进而影响整个滑雪课的教学效果。对于那些心理素质差、有自卑心理倾向的学员，如没有明确的学习目标，则会使他们的恐惧与心理负担进一步加重，背负沉重的心理负担上课，甚至影响心理的健康发展。

学员的滑雪技术要经过长期艰苦的练习才能逐步提高，而且练习过程中经常伴有失败。因此，需要学员具有顽强耐力和持之以恒的信心，这也是滑雪运动能培养滑雪者良好心理品质的项目特征。只有意志坚强的人，才能忍受高山的寒风刺骨；只有坚持不懈努力练习的人，才能掌握滑雪技能；只有明确奋斗目标、对未来充满信心的人，才能到达理想的彼岸。因此，让每一名学员明确学习目标，逐步淡化对滑雪的恐惧心理直到消除，这是提高滑雪课教学效果的关键环节。

2. 加强理论与实践相结合的训练方法

大部分滑雪运动者恐惧心理的产生都是因为自己对滑雪这一项目的了解不充分。所以，为了更好地消除学员们的恐惧心理，教练员在教学过程中，除了注重对学员技术技能的训练外，还应该着重加强对学员关于滑雪理论知识的教学。采取理论与实践相结合的教学方式，让学员在了解滑雪的同时结合一定的训练方法进行实践，从而逐步形成对滑雪运动项目的正确认识。

例如，教练员可以针对自己学员的整体素质，制订符合自己教学需要的理论教程。一方面，给学员讲解滑雪的由来及历史，世界上著名的滑雪场地在哪，世界级滑雪比赛都有哪些，等等；另一方面，给学员讲一讲关于滑雪历史上著名的运动员的人生故事，因为滑雪收获了怎样的人生财富；再一方面，让学员们了解一些滑雪运动的好处有哪些，危险系数有多高，事故率有多少，自从有了滑雪运动，是否存在因为正规的滑雪而出现死亡事故的情况，等等。这些理论知识可以让学员对滑雪运动有一个更加清晰和真实的认识，消除认知误区，最终实现在心理上消除不必要的顾虑。

3. 提高学员个人高山滑雪技能技巧

常言道，"艺高人胆大"。想要从根本上消除学员的恐惧心理，只有从个人技术技能角度出发，不断通过日常的正规训练来提升学员的滑雪技巧，才能保证学员在参与该项运动过程中能够游刃有余地完成全过程。

首先，教练员在教学过程中，要充分结合学员个人的身体素质情况，采取多种训练方式相结合的方式，不断提升学员们的体能以及身体协调性、柔韧性等基本的素质能力，为他们学习和掌握高山滑雪技巧打下良好基础。

其次，教会学员一些日常的体能训练技巧，并要求学员每日进行常规锻炼，使自己的身体素质得到保养和维护，体能得到长久的保持。

再次，在具体的技巧训练上，教练员要采取循序渐进的方式，初次让学员尝试顺利滑行，然后逐渐提高难度，从时间上不断实现自我突破，并懂得在实践中逐渐积累滑雪的经验。

最后，教会学员一定的自我防护技能，一旦在高山滑雪中出现危险事故，如何才能尽自己最大的能力保障人身安全，等等。

随着学员们对滑雪理论的了解和掌握，再加上足以应对突发情况的滑雪技术能力，学员们的自信心才能得以保证，才能更有底气去参与滑雪运动，最终实现个人恐惧心理的彻底消除。

4. 注重定期对学员们进行心理辅导

首先，建立良好的教练员与学员之间的关系，授课过程中注意劳逸结合，不能人为地给学员设置心理障碍，更要避免使用过激的贬斥性的词语打击学员的自信心，如"你根本不适合这项运动""你的动作什么都不是，没有技巧性可言"，等等。良好的教学关系可以帮助学员树立充足的自信心，即使有的学员学得慢一些，教练员也应该保持足够的耐心，并给予一定的鼓励。

其次，鼓励学员正确地面对自己的恐惧心理，不要害怕丢人，勇敢且大胆地说出自己恐惧的原因，怕高，怕摔，还是怕死？如此，教练员才能有针对性地进行正确辅导。

最后，对于因事故而心生恐惧的学员，教练员需要结合一些特殊的训练方式对其进行恐惧心理消除训练，如让学员做一些比之前更有难度的滑雪动作，重新建立自信心，帮助他们突破自我，战胜自我。

5. 做好场地及器具的安全防护工作

做好滑雪场地的安全防护工作必不可少。首先，在公共场地上，可以建立医疗应急处置中心等，以完善医疗卫生基础设施。多设置警示牌，让学员尽快了解运动场地的情况，保证学员们心理上的安全感。其次，在高山滑雪器具的选择上，要给不了解相关专业器具的学员介绍一些安全性能比较好的护具和器具。最后，定期对高山滑雪场地及地形特征进行勘测，哪些地方积雪比较薄，哪些地方需要进行改良等，都要做到及时地了解和掌握，并在第一时间给予处理，从而降低学员们在滑雪过程中的风险系数，进而消除学员们的恐惧心理。与此同时，如果滑雪场地条件允许，还应多设置一些统一着装的安全维护人员，从而让运动人员在心理上有一定的安全感，而不至于产生过重的恐惧。

第四章

安全与急救

第一节　滑雪场安全与救援的基本知识

一、雪上运动易发损伤

（一）高山滑雪

高山滑雪是将速度与技巧完美结合的一项运动。运动员在由高处向低处滑降运动过程中，通过左右盘旋、停止、跳跃等各种技巧自由地改变方向，并且控制速度。重心的转换和跳跃经常会造成腰背部的肌肉损伤、膝关节创伤性滑膜炎、半月板及关节软骨损伤、踝关节韧带损伤。

（二）跳台滑雪

跳台滑雪是勇敢者的运动，也是危险系数最高的运动之一。跳台滑雪运动中经常发生腰背部肌肉损伤、椎板骨折、膝踝关节的急慢性损伤。

（三）越野滑雪

越野滑雪是借助滑雪用具，运用登山、滑降、转弯、滑行等基本技术，滑行于山丘雪原的运动项目。比赛线路分为上坡、下坡和平地。越野滑雪运动员常发生腰背部肌肉损伤、髌骨软骨磨损等慢性劳损。

（四）自由式滑雪

自由式滑雪是一项比较危险的滑雪运动。自由式滑雪运动员常发生脑震荡、膝关节内侧韧带损伤、腰背部肌肉筋膜炎、腰骶或骶髂关节炎、腰椎间盘突出症、膝关节交叉韧带及半月板损伤、胫骨疲劳性骨膜炎、踝关节骨关节病、踝关节侧副韧带损伤等。

（五）单板滑雪

单板滑雪又称滑板滑雪。人们受冲浪运动启发而发明单板滑雪，所以单板滑雪也被称为冬季的冲浪运动。该项目的运动员损伤部位大多集中在上肢，主要是因为双脚固定在一块滑雪板上，很多运动员摔倒时会选择用手支撑，所以腕部损伤最为常见。运动员在滑行过程中双脚只能指向同一方向，所以脚踝还经常会被扭伤。

（六）雪橇

雪橇是一种由单人或双人仰面躺在雪橇上，双脚在前，通过变换身体姿势来操纵雪橇高速回转滑降的运动。由于雪橇运动滑道复杂，转弯多，场地落差大，滑降速度不断增大，运动员常于滑行过程中因操控不当失去控制，发生翻车等事故，造成头部或胸腹部被撞击而受到重大伤害。

（七）雪车（有舵雪橇）

雪车是运动员乘坐雪车在冰上滑行，利用舵和方向盘进行操控的项目。该项目于1924年成为冬奥会正式比赛项目。雪车运动员比赛时常装备有护肘、护肩、专用钉鞋、头盔和比赛服，这是因为在比赛过程中时常发生翻车等事故引起冲撞，造成肘关节、肩关节以及头部的损伤。

（八）冬季两项

冬季两项是越野滑雪和射击相结合的运动。它要求运动员身背专用小口径步枪，每滑行一段距离进行一次射击，最先到达终点者为胜。冬季两项和越野滑雪一样，常常导致腰背部肌肉损伤、髌骨软骨磨损等慢性劳损。

（九）北欧两项

北欧两项起源于北欧，由越野滑雪和跳台滑雪组成。北欧两项比赛项目既要求滑得快，又要求跳得远。这项运动要求运动员同时掌握两个项目的技术，既需要有跳台滑雪"准确的技术动作"，又需要有越野滑雪的"体能"。北欧两项常导致运动员腰背部肌肉损伤、椎板骨折、膝踝关节的急慢性损伤。

二、滑雪场易发伤害分析

在 2022 年北京冬奥会成功举办的契机下，我国冰雪运动的繁荣发展迎来了重大机遇。冰雪运动场地数量在全国各类场地中增长迅速，滑雪场的增速尤甚。但相伴而生的，还有一些滑雪事故，影响了人们乐享冰雪、平安玩雪。

（一）滑雪伤害类型

（1）冲撞型伤害：指在滑雪区域内，滑雪者由于其他滑雪者的冲撞而被动受到伤害。

（2）技术型伤害：是由于滑雪者本人的滑雪技术和生理原因，自身摔倒、冲撞障碍物等造成的伤害。

（3）器材型伤害：是由于滑雪者的滑雪器材陈旧或其他器材方面的原因而使滑雪者受到伤害，如雪板断裂，固定器失灵，雪板、雪鞋匹配不符合使用者条件等。

（4）场地型伤害：是由于场地设计不合理或施工中对场地进行改造而产生的长度、梯度、宽度、坡度等变化对滑雪者造成的伤害，如初级道设计不合标准或超标准、高级道施工中苛求惊险地形等。

（5）设备型伤害：指大型设备在运行中对滑雪者造成的伤害。如造雪机漏电、拖索脱轨、索道变速快慢不均等所导致的人员触电、砸伤、摔伤、冻伤等。

（6）防护设施缺陷型伤害：这是指滑雪场在雪道设置上缺少必要的保护、

警示等措施，使滑雪者误入"歧途"而产生的伤害。如雪道缺少安全网，使滑雪者冲出雪道外受伤；雪道边缘的树木、大型设备等没有做好防护措施，使滑雪者冲撞受伤。

（7）雪况型伤害：是由于人工雪和自然雪的混合使用，对雪道上的雪况没有做加厚、填补或没有对雪道、雪况进行人工整理而产生的伤害。如由雪未压、雪结冰、雪道铺雪厚度太薄等原因造成伤害。

（8）天气因素型伤害：这是由风力过大、降雪、降雾、能见度差、阳光反射产生雪盲等天气因素造成的伤害。

（9）其他因素型产生的伤害：滑雪者进入滑雪场，由于其他原因的伤害，如被雪杖扎伤、汽车撞伤、行走滑倒受伤等。

（二）滑雪伤害原因

1. 滑雪场行业监管部门重视不足

《中国滑雪场所管理规范（2017 年修订版）》于 2017 年 10 月 30 日发布，是在 2013 版的基础上，经过调查、研讨而补充修订的，为各级滑雪场所的体育行政管理部门提供了监管依据。在 2017 年管理规范更重视安全问题后，人身伤害事故的发生也相应减少。对比 2017 年新规范发布之前的情况而言，滑雪场行业监管部门对滑雪场安全工作的重视和监管不足，是滑雪场人身伤害事故发生的宏观原因。

2. 滑雪场所管理不到位

滑雪场人身伤害事故发生的重要原因是滑雪场所管理不到位。比如，传送带设计缺陷和现场管控缺位造成传送带"吃人"事故，巡逻人员不足造成对受伤滑雪者的发现不及时事件，雪道上裸露电线造成滑雪者绊倒等问题，都是滑雪场所管理不到位的问题。具体反映在如下方面：

（1）滑雪道警示标识设置缺乏

滑雪者初到滑雪场时，首先需要了解雪道上各种标识的含义及雪场设施的使用注意事项，这样才能在保证安全的情况下，尽情享受滑雪的乐趣。滑雪道上的道标、指示牌、滑雪场的索道、滑雪场图示、休息场所等，滑雪场必须有明确的标注。但是我国大部分滑雪场，在警示标识方面做得并不完善，导致安全问题发生。

（2）雪道设置存在问题

首先，雪道上禁止放置任何会引起危险事故的物体，防止滑雪者撞击造成危险。其次，雪道开放时间必须明确、准时，在非开放时间禁止滑雪者使用，一旦滑雪者在雪道上出现事故，在没有工作人员的情况下，得不到及时有效的帮助，极易造成更加严重的事故。

（3）防护设施存在问题

滑雪场的防护设施主要有雪道防护网、障碍物、防护垫、提示牌、警示色。由于防护网残缺不全、防护网材质不良、不能有效隔离滑雪道内外环境，使滑雪人员冲出雪道受伤。众所周知，大多滑雪场依照自然山形坡度建设，雪道两侧一般留有灌木和乔木，特别是有的雪道宽度有限，雪道弯度多，滑雪中更容易冲撞两侧的树木。在雪道的长度设计方面，很少留有缓冲区，在雪道的底部没有逆向弧度缓冲空间。滑雪者高速度下滑，很容易冲撞滑雪人员或者其他障碍物，造成致命伤害。

（4）大型设备管理存在问题

滑雪场的大型设备主要是运载设备，如索道、拖牵、雪地摩托；另一种设备是雪地机械，如造雪机、压雪车、雪地整形车。由于电缆漏电造成工作人员或者滑雪者的伤害已有多次记录，滑雪者撞到雪场外的大型设备事件也有发生，由于拖牵掉道、索道座椅松脱造成摔伤、砸伤现象更需要注意。在运载工具的上下基站，往往出现滑雪者集聚、等待、争抢现象，运载工具的拖杆或吊椅由于圆周运动的离心力作用，容易产生伤害。在上下基站地形坡度设置上缺乏科学规划，上下吊椅不方便，很容易被吊椅刮倒摔伤。

（5）滑雪器材管理

滑雪场的出租性滑雪用具，存在滑雪板老化残破、滑雪板金属刃线断裂、固定器功能失灵等问题。滑雪场在雪季开始和结束期间才对雪具进行维修，在经营期间很少对雪具进行个性化维护。在雪具出租使用中，只对雪板的长度和雪鞋号码作选择，对固定器的安全数值没有微调。固定器的安全值域设定与滑雪者的身高、体重、年龄、性别、滑雪技术水平、雪质特点、雪道状况有密切关系，既不能太紧固，受到一定力量冲击后不能自动脱落；也不能太松弛，在滑行中特别容易脱落。如何确定固定器的安全值域，要因人而异。在国外的滑雪场，利用电脑测定，把雪场的雪道状况和每个滑雪者的生理因素综合评估，对不同的滑雪者，提供"量身定做"的滑雪用具，达到安全系数最大化。

（6）安全监控管理不足

在滑雪者密度大，而雪上安全巡逻队员数量不足的情况下，极易发生人身安全事故隐患。一旦发生事故，发现效率低，救治迟缓将促使事态严重。另外，雪场监控设施缺乏，使得场所内存在"无目击人"的监控盲区，增加了安全管理的不确定性。

3. 滑雪运动常识缺乏

到滑雪场滑雪的人对滑雪技术规范一知半解，对滑雪器材和雪道状况知之甚少，对滑雪只是一种游戏心理，只求快乐，对滑雪的伤害性认识不足。初级的水平玩高难动作，越级滑雪，这些是造成伤害的主要原因。另外，酒后滑雪，还有的带病滑雪，如高血压、心脏病等慢性病人在滑雪中最易发生伤害，过度疲劳也是高级滑雪者造成伤害的原因之一。

4. 选址不合理

滑雪场建设虽然是模仿国外的雪场选址，但是在选址规划方面大多没有进行充分科学论证，这主要是由于国内缺少雪场规划方面的专家，雪场建设完全处于自发的市场化状态。有的雪场虽然有前期规划,在施工过程中随意变动,政府对滑雪场的建设缺乏规范约束和必要的指标体系,无法评估滑雪场的设施标准。每个滑雪场最大限度地开发土地资源,盲目性和逐利性并进,统筹性和安全性缺失,雪道建设存在先天性不足,为滑雪留下安全隐患。

5. 儿童滑雪区伤害

滑雪场经营项目主要是滑雪和戏雪。滑雪又分为双板和单板滑雪,戏雪主要是为不会滑雪的消费者开辟的以娱乐游戏为主的雪地项目,如滑雪圈、雪碟、雪船、打爬犁。部分滑雪场为吸引更多儿童滑雪,设立儿童雪地专区。在戏雪活动中,游戏者相互玩耍撞击,易引发伤害,因此儿童雪地专区也是雪场经营的安全盲区。

三、滑雪场救援概述

(一)滑雪场救援人员

体育局等多部委 2019 年发布了《关于进一步加强冰雪运动场所安全管理工作的若干意见》,指出"冰雪运动场所应当根据要求配备符合安全需要的社会体育指导员、救护人员、巡逻员、巡场员等安全责任人员。滑雪场所的社会体育指导人员、特种设备作业人员等应当取得有关资格证书,持证上岗"。

1. 滑雪巡察员

滑雪场面积大、山地情况复杂,一旦滑雪场发生安全事故,巡逻和搜索都很困难,同时也增加了救援成本,是滑雪救援重要的问题。因此,滑雪场需配备足够的安全巡察员,掌握滑雪技术和急救技能,时刻关注雪道中存在的安全隐患并进行安全标识的设施维护,尽可能成为第一救护力量。国内的山地救援队由于环境的特殊,并不能介入雪场。

安全巡察员是在滑雪场一线直接保障滑雪安全的人员,在发现滑雪场中的危险性因素、制止游客不安全的行为、安全救援等方面起到了重要作用。

这是中国滑雪产业发展报告中对安全巡察员给出的定义。

（1）安全巡察员的责任

《中国滑雪场所管理规范》中也对安全巡察员的责任做了说明：

①滑雪场必须存在安全巡察员并且是持证上岗，其数量要满足实际需求。

②安全巡察员要及时维护雪道的顺畅与安全。

③安全巡察员需维护滑雪场内各种安全标识。

④安全巡察员负责第一线急救护理工作。

⑤安全巡察员要清理雪道，保证雪道关闭后无滞留滑雪者。

⑥安全巡察员必须熟知规范中的所有条款。

（2）巡察员必需的经验

美国国家滑雪巡逻组织（NSP）监督众多滑雪巡逻人员，并确保他们遵守国家标准。他们提供一流的培训，包括急救、山地旅行、救援、雪崩和运输。经过认证的巡察员必须有以下经验：

①区域运营和风险管理。

②雪崩管理。

③急救护理。

④电梯疏散和绳索知识。

⑤双板滑雪和单板滑雪能力。

⑥平底雪橇处理。

（3）巡察员必备能力

①滑雪能力——有能力在滑雪区域内以稳固和稳定的方式进入艰难的地势。

②急救——许多度假胜地需要按要求完成全国滑雪巡查课程中的户外急救护理课程。专业救援者（基本生命支持）CPR认证通常包含在紧急医疗技术员或户外急救护理课程中。

③雪橇处理——为了迅速让病人得到医疗护理，能操纵一个平底雪橇是至关重要的。

2. 滑雪救护员

滑雪救护员是在滑雪场中为出现各类滑雪运动事故的伤员提供紧急医疗服务，保障滑雪安全的专业人员。

滑雪场的救助措施跟防护装置一样重要，它不仅要求救助人员第一时间发现滑雪者，还要在第一时间到达场地对滑雪者进行最基本的救助。在雪上实行救助措施是十分艰难的，它不仅要求救护人员的滑行技术，更要求救护人员的专业知识，二者缺一不可。

图 4 – 1　滑雪救护员

（1）滑雪救护员工作内容

①讲解滑雪安全知识，教授救生措施，如扔掉雪杖、顺势滑行，瞬间下蹲、降低重心，双手环抱、向后倾倒等。

②滑雪或乘坐雪地摩托赶赴事发地点实施救助，保障滑雪者的生命安全，必要时使用空中救援力量。

③帮助滑雪者脱除运动器具，检查伤情，进行简易医疗处置，安全固定

后快速转运到附近的医疗机构。

④负责滑雪场日常安全措施检查，保障滑雪场救援设备充足可用。

（2）滑雪救护员救援技能

首先，滑雪救护员救援技能包括了解雪地环境和滑雪场的布局。救护员必须了解不同类型的雪地，了解滑雪场的地形和标记，以便更好地导航和提供救援。

其次，是急救技能的应用。在滑雪紧急情况下，可能需要提供紧急医疗援助，如处理骨折、撕裂伤、低体温等。救护员必须具备急救技能和使用急救设备的知识。

再次，滑雪紧急救援还包括搜救行动。在滑雪场或雪山上，人们可能会迷路、受困或遇到雪崩。救护员需要知道如何进行搜索和救援，以找到受困者并提供帮助。

最后，雪崩救援是滑雪紧急救援的一个特殊领域。救护员必须了解雪崩的风险和预防措施，以及在雪崩发生后进行搜索和救援的技巧。

总之，滑雪紧急救援技能是应急救护员的必备技能，要求他们了解雪地环境、急救技能、搜救行动和雪崩救援。通过专业培训和实践，救护员能够在滑雪场或雪山上高效执行任务，提供救援并拯救生命。

（二）紧急救治

紧急救治是指有意外或疾病发生时，施救者在医护人员到达前，按医学护理的原则，利用现场适用物资，临时及时适当地为伤病者进行的初步救援及护理。

雪上救护实际上是急救的一个分支，急救的本意是紧急救护，在 2005 年由美国急救学顾问委员会进行重新定义，急救就是评估与干预。而雪上救护则需要更加紧急的救护，雪上救护由于相对艰苦的自然条件，缺少专业急救医疗设备，需要进行快速有效的判断与紧急处置。

雪上救护的工作就是进行现场急救,现场急救在整个医疗救援体系当中担当的是院前急救的任务。进行现场急救首先要做的工作是最初的快速判断与早期初步救助,在具体实施内涵上是拥有最基本救护技术的第一目击者或者医护人员在事发现场对受害者进行急救。

急救需要一个过程,这个过程包括发现、报告、反应、现场急救、途中监护和转至医院救治。在雪场进行急救的过程中,需要掌握的就是前五个步骤:发现伤情、向滑雪场管理中心报告伤情、到达事发现场、进行急救和将伤员运送到救护车便于到达的山下温暖的室内(雪具大厅或医务室)。

雪上救护的目的就是维持生命、防止伤势恶化,从而达到救命避残的目的。时间就是生命,在急救中表现得尤为明显,猝死的黄金4分钟,严重创伤的30分钟是救护的重要时间。

四、滑雪教学中的安全事项

第一,确保安全。首先,教练员在滑雪场工作时要努力确保滑雪者的安全。其次,教练员在指导滑雪者练习时,要帮助其根据自己的技能水平正确选择雪道和滑行方式。最后,教练员要尽可能劝说滑雪者使用安全的服装和器具,同时要经常进行检查。

第二,躲避危险。教练员要时刻注意天气变化,以及附近的障碍物和其他滑雪者的滑行情况,给滑雪者具体的指示,努力避免发生事故。

第三,救护。教练员在滑雪者发生事故时要亲自救助,必要时尽快求得其他方面的帮助。

第四,对滑雪者宣传注意事项。

首先,教练员有责任让滑雪者事先阅读和理解以下内容:

(1)注意教练员的讲解,并听从指挥。

(2)正确使用器具的方法。

（3）遇到危险的保护性安全摔倒方法。

（4）在不可避免的冲撞将要发生时，自我保护性摔倒的方法。

（5）"滑雪者安全规则"的主要内容。

（6）"空中索道乘客安全规则"的主要内容。

（7）引导滑雪者熟知滑雪场所的各种标识：

禁止危险行为的"禁止标识"；可能有危险的"注意标识"；提醒应该怎样做的"提示标识"；表示雪道难易程度的"难易度标识"；用缆绳、网绳、栏杆、竹竿等阻拦的"禁止滑入标识"；注意旗帜、主要标识和标记号的"引导方向的标识"。

其次，教练员和滑雪者在雪地上活动时，均应执行"滑雪者安全规则"的规定。再次，滑雪者必须注意认真听取教练员的指示，并遵照执行。最后，由于不遵守教练员指示所发生的伤害事故，教练员概不负责。

第五，事前协商。教练员在指导人数多或有特殊指导任务时，要事先和滑雪场管理人员协商行动计划，之后双方遵照执行。

第二节　突发事件处理和急救常识

一、滑雪场应急预案流程

滑雪场应急预案是为应对可能发生的突发事件而制订的一系列应急措施和处理流程。它的制订需要充分考虑不同的紧急情况，并确保在事故发生时能够第一时间采取正确的应对措施。下面是滑雪场应急预案的一般流程。

（一）事前准备

事前准备阶段是制订应急预案的重要环节。滑雪场管理者需要与相关部门沟通合作，包括当地消防部门、医院、派出所等，以确保在发生紧急情况时能够得到及时支援。此外，滑雪场还应配备专业的应急救援人员，并进行日常培训，提高其应对突发事件的能力。

（二）突发事件发生

在突发事件发生时，首先需要及时判断事故的严重性，并将情况紧急通报给滑雪场负责人以及相关的应急救援人员。同时，对于游客的安全，滑雪场工作人员需要立即采取必要的应急措施，以确保事故发生地点附近的游客安全疏散。

（三）发起应急救援

一旦突发事件发生，滑雪场需要迅速启动应急救援流程。如发生滑雪者受伤，应由专业救援人员及时赶到现场，为伤者提供紧急救治。对于无法自行行动的伤者，需要立即联系医疗救护车，并将伤者转移至医院进行进一步治疗。同时，滑雪场工作人员需要统计伤者的信息，以便后续的调查和跟进。

当发生滑雪事故并造成滑雪者受伤时，应立即呼叫救护车，并由专业救援人员将伤者转移至医院进行进一步治疗。救援人员在救助伤者时应谨慎操作，以免造成二次伤害。

伤者的转运方案也可以分为以下三种：

（1）对于可自行离开的伤者，由救助点位巡察队员及医生协助运动员离开赛道；

（2）对于需要使用救护雪橇转运的伤者，在场内先由医生及护士进行现场处置，巡察队员固定伤员并听从医护指挥将伤员转移，由最近的救援点位出口沿技术道前往医疗站；

（3）对于需要协助支援时（重度伤害或2人以上受伤），先由雪道最近救援点位的救援小组进行救助，其余救援小组根据第一救援小组的需求派人或携带救援设备前往救助。

（四）后续处理与调查

事故发生后，滑雪场应及时启动事故调查程序。调查人员需要迅速赶到现场，收集证据并对事故进行详细调查。此外，滑雪场还需要与伤者及其家属进行有效沟通，提供必要的赔偿和协助。

在处理滑雪事故时，滑雪场的工作人员应始终以游客的安全为首要任务，及时采取措施并保护游客的生命和财产安全。通过制订合理的应急预案，加强安全措施，并提高工作人员的应急处理能力，滑雪场事故处理能力将得到有效提升，同时给广大滑雪爱好者提供更加安全、畅快的滑雪体验。

二、滑雪运动损伤具体急救措施

（一）滑雪运动损伤的自救和他救

在遭受运动损伤后，及时进行自救并尽快获得别人的救助，是减轻运动损伤的重要举措。自救和他救方法有以下几种：

1. 拨打急救电话

雪上项目大多在郊区的雪山上进行，因此记录和拨打雪场的急救电话是在运动过程中遇到运动伤害时获得帮助的最有效方法。在正规的大型滑雪场，一般每隔一百米在护栏网上都能看到紧急救援电话。在雪山上的每个指示牌上，一般也会有救援电话。在运动之前一定要仔细观察，记录急救电话。大型滑雪场参与滑雪的人数较多，运动伤害事故发生率也较高，如果急救电话无法接通，应马上请随行同伴或者其他滑雪者给予帮助，下山寻求救援。

2. 急救处理

选择雪场时，要选择有医疗设施的场地。正规的滑雪场都设有医务室，能够处理一定程度的运动伤害。如果伤情比较严重，医务室会用救护车将伤者送到相应的医院进行处理。

自己受伤并不清楚受伤情况时，不要急于移动。应根据自我感觉，缓慢移动受伤部位。如果发现疼痛剧烈不能移动时，应及时向旁边的教练、雪友求救或者迅速拨打雪场的求救电话。

遇到他人受伤时，先不要碰伤者，应立刻询问情况。如果没有大的伤害，伤者应立刻停止滑雪，缓慢下山，并找到雪场的医务室；如果伤势严重，则应马上拨打雪场救援电话或者找附近雪友帮忙，通知雪场救援。雪场的专业救护人员会对伤者的伤情进行判断和救治，或者采取更专业的救护措施予以救援。雪场救护人员的救援经验一般比滑雪者要丰富得多，且有成熟的救援流程，滑雪者自己不要盲目救援。

（二）低温冻伤的应急处置

滑雪运动是在低温条件下进行的体育运动。因此，在参与滑雪运动时首先要做好保暖和防冻伤的保护措施。特殊情况下，滑雪运动会造成参与者冻僵和冻伤的情况。因此，不仅要有防冻僵和冻伤的预案，还要懂得冻僵冻伤的应急处理方法。

1. 迅速脱离受冻现场

将伤病员搬入温暖的室内（室温 20 ℃ 至 25 ℃），脱掉潮湿的衣服鞋袜，换上温暖柔软的衣物，抬高受损的肢体，搬动时要小心、轻放，以免引起骨折。立即用棉被、毛毯、皮大衣等或用温热的手覆盖受冻的部位或其他身体表面使之保持适当温度，以维持足够的血液供应。衣服、鞋袜等连同肢体冻结者勿强行脱下，应用温水（40 ℃）使冰冻融化后脱下或剪开。

2. 防止休克和维持呼吸功能

全身性冻伤的伤员在复温前后都容易发生休克，所以当伤员出现心跳呼吸减弱甚至停止症状时，应立刻将其放于仰卧位，下肢抬高、气道开放，立即进行心肺复苏术。有条件时给以心电、血压、呼吸、肛温、血氧饱和度等监护，对指导治疗很有帮助。

对症处理：积极纠正缺氧、电解质紊乱，保护肝肾、脑功能，预防血栓形成。

3. 快速复温

如有条件，应立即进行温水快速复温，复温后在充分保暖的条件下转送。如无快速复温条件，应尽早转送，转送途中应注意保暖，防止外伤。到达医院后应立即进行温水快速复温。对于仍处于冻结状态的二、三度冻伤，快速复温是效果显著而关键的措施。

温水快速复温具体方法：将受冻肢体浸泡于 40 ℃（不宜过高）温水中，如果手套鞋袜和手脚冻在一起难以分离，不可强行脱离，以防皮肤撕裂，应连同鞋袜手套一起浸入水中，复温至受冻区恢复感觉，皮肤转红，尤其是指（趾）甲床潮红，组织变软，皮温达 36 ℃ 为止，时间不宜过长，一般要求在 15~30 min 内完成复温。复温要快，温度不能过高。缓慢复温可加重损害，延迟复温可影响疗效。然后，用温暖的被子继续保温。

对于颜面部冻伤，可用 40 ℃ 的温水浸湿毛巾，进行局部热敷。在无温水的条件下，可将冻肢立即置于自身或救护者的温暖体部，如腋下、腹部或胸部，以达到复温的目的。救治时严禁火烤、雪搓、冷水浸泡或猛力捶打患部。化学加温器不能直接放于冻伤的组织上，避免造成烫伤和超过目标温度。在复温过程中及复温后要注意纠正复温性休克的发生，可用 37~40 ℃（至少也应为室温温度）葡萄糖注射液 1000 mL 快速静脉滴注。

（三）雪盲症的应急处置

雪盲症是由于视网膜受到雪地强烈的紫外线反射刺激而引起的眼角膜和结膜上皮细胞损伤、坏死、脱落，造成的眼角膜浑浊、视物模糊或暂时性失明的一种急性眼病。

造成雪盲症的主要原因是双眼在没有防护或者防护不当的情况下，长时间受到雪地反射的紫外线的伤害。佩戴专业的护目镜不但可以预防雪盲症的发生，保护眼睛减少意外碰撞，还可以在高速下滑时防止空中悬浮的杂物进入眼睛。

如果不慎被雪地强光反射后出现雪盲的症状，千万不要用手揉眼睛，必须即刻戴上防护眼镜保护眼睛，防止其持续或再度损伤。应立即远离照射源，居住暗室，摘除隐形眼镜，降低角膜刺激和感染的风险。应立即用清洁冷水或1%丁卡因眼药水进行眼部清洗，并用冷水毛巾在眼部进行冷敷，然后再涂抹药膏止痛，必要时局部用麻醉剂，以达到减轻伤员眼睛充血且快速止痛的作用。用眼罩或其他物品（如干净的手帕、清洁的消毒纱布等）轻轻冷敷眼睛。尽量闭目休息，避免勉强使用眼睛。

上述救治措施需持续24~48小时，直至眼部刺激症状完全消失。及时防治，一般不留眼部后遗症，恢复后视力也不受影响。一般雪盲症的症状可在24小时至3天之内恢复，稍微严重的症状通常需要5~7天才会消除。但有雪盲症经历的人稍不注意就会再次发生雪盲，并且症状会比之前更加严重。多次雪盲症会对人眼造成不可逆的损伤，引起视力衰弱和其他眼疾，甚至引发眼底黄斑区的损伤，严重的甚至永久性失明。

（四）其他基本急救技术

1. 胸外心脏按压

如果伤病员心跳停止，抢救者应先进行胸外心脏按压急救。将伤病员仰卧位放置于硬板床或平地上，以确保按压时病人无摇动。急救者跪于伤员一侧（一般为右侧），右手食指沿一侧肋弓下缘向中线移动触及两侧肋弓交会点（胸骨下窝），食指定位于下切迹（剑突），食指与中指紧贴食指上方定位（两横指），左手掌根紧贴右手食指置于胸骨表面，使手掌根部横轴与胸骨长轴重合。成年男性为两乳头连线胸骨部。

急救者左手的掌根部紧靠前一手指，放于伤员胸骨下1/3处，掌根部长轴与胸骨长轴重合。将右手叠于左手的手背上，两手手指交叉抬起，使手指脱离胸壁，只需一手掌根按压即可。

急救者双肘关节伸直，肩部和手掌必须保持垂直位，借助肩部力量有节奏地垂直向下压。按压至适当强点后即开始松弛。抬手时掌根部不能移动。在按压间歇期内，务必使胸部不受压力。成人胸壁下陷深度不少于 5 厘米，儿童相对要浅些。成年患者按压速率为 100 次/分，儿童 120 次/分。

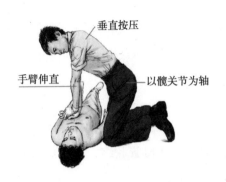

图 4-2 胸外心脏按压

2. 口对口人工呼吸

呼吸是人生命存在的征象。当发生意外伤害，呼吸困难甚至停止时，如不及时进行急救，可很快发生死亡。人工呼吸就是用人为的力量来帮助伤病员进行呼吸，最后使其恢复自主呼吸的一种急救方法。

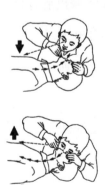

图 4-3 口对口人工呼吸

救护者站（跪）一侧，将伤病员头部尽量后仰，然后一手托起其下颌，开放气道。用自己的口紧贴伤病员的口，另一手捏紧其鼻孔以免漏气，快速深吸气后，完全包住伤病员的嘴，迅速向其口中吹气，使伤病员胸部明显扩张起来后，停止吹气，并放松捏鼻子的手。待其胸部自然地缩回，再重复做第二次。吹气 12～16 次/分，重复进行，直到患者恢复自主呼吸。

胸外心脏按压和口对口吹气应交替进行，严格按按压和吹气的比例操作，按压和吹气的次数过多或过少均会影响复苏的成败。

3. 常用止血方法

（1）冷敷法

冷敷可降低组织温度，使血管收缩，减少局部充血，从而达到止血的作用。冷敷与加压包扎和抬高伤肢同时应用，效果更佳。

作用：有止血、止痛、防肿的作用。

使用范围：急性闭合性软组织损伤，伤后立即施用。

方法：常用镇痛气雾剂喷涂或冰袋敷于伤部。

（2）抬高伤肢法

抬高伤员出血的部位，特别是四肢受伤时伤口要高于心脏。抬高伤肢法常和绷带加压包扎并用，对小血管出血有效，对较大血管出血，只能作为一种辅助性止血方法，常用于四肢出血。

作用：抬高伤肢，使出血部位血压降低，血流量减少，达到减少出血的目的。

使用范围：四肢小静脉或毛细血管的出血。

方法：将伤肢抬高于心脏平面 15°～20°左右。

（3）加压包扎止血法

用绷带加压包扎伤口止血。

作用：加压包扎能迫使伤口及伤口处的血管闭合，使伤口处的血液循环减缓，使出血处有足够的时间完成凝血。

使用范围：毛细血管、静脉或小动脉的出血。

方法：用无菌敷料（如消毒纱布、干净的毛巾等）覆盖填塞伤口，外加消毒或干净的纱布压垫，再用绷带加压包扎。包扎不要过紧或过松，过紧会引起血液循环不良，过松则不能有效止血。绷带不要在伤口上打结，以免压迫伤口引起疼痛；也不要在身体背后打结，易产生不适感。

4. 常用固定方法

现场抢救中，对于骨折或脱位以及较严重的软组织损伤的伤员，需要使用一定的材料或物品作可靠的临时固定。固定材料一般选择绷带、棉垫、夹板等，也可采用木板、木棍、树枝、纸板、衣服及滑雪板、滑雪杖等代用品。如果现场无材料可选，可将伤肢固定于伤者躯干或健侧肢体上。

临时固定的目的是防止断端移位，防止造成新的损伤，减少疼痛，预防休克，便于搬运。这对损伤的治疗也具有重要作用。固定的范围应包括损伤处的上下两个关节。对开放性损伤，必须先行止血、包扎，再固定肢体。对骨折、关节脱位者应争取尽早进行手法复位，若参与急救者不会复位，或由于现场条件限制无法完成复位者，均应立即用夹板或绷带等在骨折、脱位所保持的姿势下固定伤肢，尽快送医院处理。

（1）前臂骨折固定法

先将夹板放置于骨折前臂外侧，骨折突出部位加垫，然后固定腕、肘两关节（腕部"8"字形固定），用三角巾将前臂悬挂于胸前，再用三角巾将伤肢固定于胸廓。

（2）上臂骨折固定法

先将夹板放置于骨折上臂外侧，骨折突出部分加垫，然后固定肘、肩两关节，用三角巾将上臂悬挂于胸前，再用三角巾将伤肢固定于胸廓。如现场无夹板，可先用三角巾将伤肢固定于胸廓，再用三角巾将伤肢悬挂于胸前。

（3）锁骨骨折固定法

伤者挺胸，双肩向后，在两侧腋下放置棉垫，用两块三角巾分别绕肩两周打结，然后将三角巾在背后结在一起，前臂屈曲用三角巾固定于胸前。

（4）小腿骨折固定法

先将夹板放置于骨折小腿外侧，骨折的突出部分加垫，然后固定伤口上下两端，再固定膝、踝两关节（绷带"8"字形包扎法固定踝关节），最后夹板顶端固定。如现场无夹板，可将伤肢与健肢固定在一起，需注意在膝关节与小腿之间的空隙处垫好软垫，以保持固定。

（5）大腿骨折固定法

先将一块相当于从足跟至腋下长度的夹板放在大腿外侧，再将另一块从足跟到大腿根部长度的夹板放置于大腿内侧，骨折突出部分加垫，然后先固定伤口上下两端，再固定踝、膝关节，最后固定髋、腰、腋部。

使用夹板固定时的注意事项：夹板长短一定要与肢体长短相称；在夹板与肢体之间尤其是骨突部位要加棉垫、衣片等衬垫，以防皮肤受压损伤；固定四肢时要露出手指和脚趾尖，便于观察血液循环；完成固定后，如出现手指和脚趾苍白、青紫或肢体发凉、疼痛、麻木时，表示血液循环不良，应立即检查原因，如为缚扎过紧，需放松缚带重新固定。

第五章

滑雪教练员的沟通技巧

第一节 教练员的主要沟通技巧

沟通技巧是预测执教能否成功的最佳指标。教练员的工作就是不断地进行沟通，教练员必须能够演讲、阅读、写作、做手势、聆听、教导、安慰、说服、示范和观察。一名教练员能否成功取决于其是否具有有效沟通的能力。教练员具备熟练的沟通技巧，才能清晰地指导学员、激励学员和激发他们的自信。

沟通是一种表达（或传递）观点、知识、思想、感情以及理解他人所表达内容的行为。沟通的过程包括发送和接收信息，而且可以采用很多种形式。语言沟通指的是用语言沟通，而非语言沟通包含用面部表情、身体姿势和手势等沟通。沟通可以一对一或在群体环境中，或者以书写形式或视觉形式（例如图片、视频等）进行。沟通不仅包含信息内容，还包括情绪影响，或者说是信息对接收者所产生的作用。

一、沟通的主要内容

（一）发送和接收信息

教练员一词意味着从事这个职业的个人会发出很多信息。教练员必须能够向学员清楚地表达期望、目标、标准和感情。他们必须进行指导、鼓励、惩戒、组织并提供反馈。虽然我们倾向于认为，有效沟通者能够清晰地发出可以按照预期被理解的信息，但是沟通是双向的，还涉及接收信息。教练员必须专心地倾听，学员必须能够向教练员表达自己的目标、疑问和情感。

（二）主要沟通渠道

沟通主要是通过非语言和语言渠道来进行的。事实上，沟通专家表示，65% ~ 93% 的信息是通过语调和非语言行为传达的。因此，除了注意所用的词语，至关重要的一点是要注意语调和非语言行为，这样，教练员才可以正确地向运动员发出信息。

学员也会采用非语言沟通方式。通过观察学员的非语言行为，教练员可以让自己成为有效的倾听者。理解学员发出的非语言信息是进一步了解学员的一种手段。

（三）内容和情绪的影响

在沟通时，教练倾向于关注学员所发出的非语言信息，如"注意姿势""注意角度"等。教练认为这样做时信息是客观的，学员可以按照预期接收到信息。这种看法并不准确。在接收教练员认为已经发出的信息时，学员可能并没有找到相同的感觉。因此，沟通者不仅要关注信息内容，而且要注重接收者对信息的理解（以及信息对接收者可能产生的影响）。

除了信息内容，沟通还包含信息对学员情绪方面的影响。学员是怎样理解教练员发出的信息内容并做出反应的？没有意识到情绪对学员有影响是一个非常常见的问题。例如，教练员想把"努力做"以鼓励的语气说出来，学员却负面地理解为"他觉得我做得不够卖力"。有效沟通能够让接收者觉得信息内容和情绪影响同等重要。教练员必须进一步认识到信息对团队的影响，采用清楚的表达方式，清晰地表达信息内容。

（四）有效表达信息

有效沟通指的是发出的信息能够清楚地表达预期的内容，并按照预期的方式被接收。对教练员而言，最重要的是判断是否需要发送信息。在训练过程中，有些教练员会漫无边际地讲一大堆让人厌倦或干扰学员的话。有些教练员则少言寡语，认为其他人都知道其所思所想。

美国社会学家斯莫尔和史密斯花费了数百小时观察多名教练员并评估他们对运动员的影响。他们一共观察了 70 多名教练，记录了 80000 个行为，同时还调查了将近 1000 名运动员。他们发现运动员对提供以下内容的教练员反应积极。

（1）在运动员展现出良好的能力和努力之后给予积极反馈。

（2）在运动员出现错误时，会发出矫正指令并给予鼓励。

（3）发出技术指令以及提出与表现水平无关的一般性鼓励。

相反，斯莫尔和史密斯发现，运动员不喜欢有以下行为的教练：未能注意到或强化运动员良好的能力表现和努力，没有对错误作出批评或在运动员于重要时刻犯错后未能提供指导。

二、加强沟通能力的方法

（一）使用强化

教练员不仅要做很多关于组织、指导和鼓励方面的工作，而且还要花大量的时间给学员提供反馈。成功的教练员可以通过反馈来鼓励学员保持表现不错的方面。强化会产生令人愉快的结果或效果，这些效果或结果可以鼓励学员尝试重复做出标准的动作。优秀的教练员会意识到强化的作用，同时采用恰当的方式出色地利用强化来促进学员做出标准的动作。

（二）塑造：接近成功时给予奖励

很多学员发现，掌握一门复杂的技术需要不断强化，但是学习过程中并非总是充满强化。学习有可能是一个费力、缓慢且令人沮丧的过程。教练员可以帮助学员使用塑造规则来体验这个过程。塑造规则可以将连续的或近似的行为变成预期的行为。使用这个规则的过程中，教练员可以让学员采用稍有改进的方式进行强化，而不是等待学员能够正确地执行整个技术。

1. 奖励努力程度和能力表现，而不仅仅是奖励结果

奖励努力训练以及能力和技术水平有所提高的学员至关重要。但是，教练员通常只奖励学员的能力表现结果，即使学员使用了很糟糕的技术也是如此。相反，如果结果很糟糕，教练员会不认可学员良好的能力表现。即使过程完成得很糟糕，但只要实现了预期的结果，学员往往能够获得实质性的奖励。因此很重要的一点是，教练员必须鼓励努力训练的学员。这两个方面虽然比较缺少内在的强化作用，却是保持长期成功的关键。

2. 奖励社会技能和情感技能

作为教练员，我们有机会帮助学员以个体的形式发展。如果教练员真正理解让学员成为优秀个人的执教哲学，那么可以奖励学员积极的情感和社会技能。例如，在评估团队沟通时，可以奖励学员在争论最激烈的时候积极沟通。在评估公平和道德行为时，可以奖励学员行为诚实。在评估情绪控制力时，可以奖励学员展现意志力。

3. 奖励好的行为，同时保守地使用惩罚

熟练使用强化训练的教练员也可以通过这种方式来最大限度地减少学员不良行为。相对于惩罚学员的不良行为或错误，教练可以反过来强化其良好行为。通过强化，我们可以营造积极的环境，从而减少惩罚。但是，这并不意味着不再使用惩罚，而是要更多地依靠强化这种方式。

有些时候，惩罚是必需的。决定是否惩罚学员时，不能对学员在做出努力时所犯的能力表现错误进行惩罚。能力表现错误是学习过程中的一部分，而且是通往成功的垫脚石。不良行为和违反团队规则是必须受到惩罚的。以下是可以最大限度提高惩罚措施有效性的指导方针。

（1）必须让团队成员看到后果，以便保证公平和恰当地惩罚不良行为。

（2）每个团队最好有一个后果一览表。

（3）惩罚必须包含由不良行为导致的合理后果。

（4）坚持一视同仁，不管是初学者，还是老学员，违反相同的规则都必须接受相同的惩罚。

（5）惩罚行为，而不是个人。让学员清楚必须改变的是自身的行为。

（6）客观且礼貌地执行惩罚。不要在团队成员面前惩罚学员或让学员感到尴尬。

（三）给予反馈

教练强化学员行为的一种主要方式就是积极反馈。反馈是一种强大的强化方式，有效地使用反馈是一门艺术。优秀的教练员一般都具备这种能力，会采用能激发学员潜能的方式作出反馈。

1. 对努力达到优秀水平的学员作出回应

非强化——教练员会专注于帮助学员提高正确认识自己的能力。当教练未能意识到学员的努力和能力时，会向学员传递负面信息，同时让学员怀疑自己的努力和进步是否能够获得认可和重视。

强化——能够进行有效沟通的教练员可以通过强化学员能力水平的方式，营造一种积极的团队文化。教练可以通过语言或非语言形式来鼓励学员增强能力、努力尝试或执行较难的技术。教练可以发表鼓励性评论，如"这次很努力""你必须快速避开障碍"。除了口头鼓励，在认可学员的努力和能力时，一个简单的微笑、拍背或竖起大拇指，对其都有很大的帮助。积极的反馈可以营造一种和谐的氛围，这种氛围可以感染学员做正确的事情。

2. 积极反馈并非越多越好

有些研究人员发现，受到较多赞扬和鼓励的学员没有较少受到赞扬但是获得更多正确指导的学员自信。在细致的观察中，受到较多赞扬的学员所接收到的赞扬，事实上是教练员所传达的负面预期。因为这些都不是根据学员能力水平作出的一般性反馈。这些学员可能会在成功完成简单的任务时受到大量一般性的鼓励和赞扬，而不是在成功完成挑战性任务时得到描述性的反馈。

提供反馈时，重在质量，不真诚或轻率的赞扬会适得其反。在学员清楚自己并没有很好的表现的情况下，告诉他表现得很棒，只会传达出我们想让他觉得好受一些的意思。在学员完成一项简单的任务时，给出"做得不错"的反馈，事实上传达的是我们对于学员的能力不是很有信心。除了作出更加积极的反馈，教练员必须致力于提供适应学员技术水平的更高质量的反馈。

3. 一般性与描述性积极反馈

并不是所有积极的反馈都是有效的。在作出一般性的反馈时，教练员可能会说"不错""加把劲儿""坚持下去"。此类积极反馈并不会对学员造成显著的影响。相反，甚至会让人觉得不真诚，而且容易被学员忽视。一个比较好的方法是提供描述性积极反馈，即描述学员的能力表现，同时明确他们做得好的地方，如："你在滑雪姿势方面取得了很大进步。"这种类型的反馈会对学员产生积极的效果，同时这种具体的反馈会让人觉得特别真诚，而且很可能产生强化效果。记住，在作出反馈时，内容具体是非常重要的，必须让学员清楚地知道他们在哪些方面做得不错。

4. 做出行为导向的指导性反馈

行为导向的指导性反馈并不是惩罚；相反，这是一个有助于运动员专注自身即将尝试动作的描述性反馈。这种反馈方式可以清楚且客观地描述教练员观察到的行为，这不是批评。下面列出了两个描述性反馈的例子，可供参考。

　　"表现不错，但是你在滑行时，挥臂幅度太小了。"

　　"表现不错。下次滑行时，挥臂幅度再大一些。"

　　"你的双膝仍然没有弯曲到位。"

　　"下次双膝再弯曲一些，你可以做得更好。"

　　在每一对反馈陈述中，第一个例子侧重于之前学员所犯的过错，第二个例子针对学员未来的行为进行指导，同时侧重于学员必须改善的方面。指导性反馈的重点是未来，同时也是一种行为导向形式。这种行为导向的反馈可以解决关于学员必须完成什么的问题，而不是他们必须避开哪些方面的问题。

　　5. 增强学员接收反馈的能力

　　教练应该怎样做才能确定学员接收到了预期的反馈呢？答案很简单，只要学员按照教练希望的方式做出反应即可。精心安排的步骤，可以帮助学员接纳教练的反馈并做出反应。首先，不要太过于注重信息内容，而忽视了信息对于学员情感方面的影响。教练可以先从一些积极的方面开始提升学员的接收能力。

　　例如，在积极的评论中插入纠正反馈（三明治方法）是一种有效的策略。这是一种很棒的方法，因为它不仅可以帮助学员树立自信心，同时还可以告诉学员怎样做才能提升能力。这种方法还可以实现令人愉快的纠正反馈。需要注意的是，避免使用"但是"。讲出这个词之后，前面所有内容的效果都会大打折扣，而后面所有内容的意思都会被放大，如："你一开始双腿向下的姿势很棒，但是你没有带动髋关节。"这样，运动员听到的是"你没有带动髋关节"。而采用插入纠正反馈的技巧，教练可以这样表达："双腿向下的姿势很棒。下次要带动髋关节。继续努力，你会越来越棒的。"

　　同时，要注意如果学员在同龄人面前感到尴尬，那么学员就没办法竖起耳朵接收反馈。尽可能不要在团队成员面前提供纠正反馈，而应单独提供纠正反馈。

（四）细心倾听

沟通不仅包含传递有效的信息，同时还包括用心倾听。优秀的教练能够意识到专心倾听的重要性。有效的倾听是非常重要的。仔细听他人讲话是一种很讨人喜欢的方式，因为这对讲话的人意味着讲话的内容很重要，倾听的人很关心。人们不仅乐于与好的倾听者交流，而且还会因为能够获得他人的倾听和理解而感到很满足。同时，一名好的倾听者不会错过对自身很重要的信息。

1. 移情倾听

目前，提高倾听技巧最有用的方法是移情，也就是依据他人的参考标准理解他人。移情倾听意味着听取他人所讲的内容，目的在于深入且完整地理解他人的观点。移情倾听者不仅会注意到他人正在讲的内容，同时还可以理解信息所传递的全部意思，包括情感、意图和含义等。他们的耳朵会倾听信息的内容，眼睛会关注他人的肢体动作，而且内心会感受到他人正在表达的情感。

作为移情倾听者的教练员，会开明地关注和真心地理解学员。借助移情倾听，我们可以通过说话者的眼睛来看待世界，并且按照他们的方式理解世界；我们不再关注于表达自己的观点或者做好表达观点的准备；我们的首要目标是理解他人。但是，作为一名移情倾听者，并不表示我们必须同意其他人的观点。相反，这意味着我们要尝试理解其他人的观点。这种倾听可以构建沟通的桥梁。

2. 积极倾听技巧

有些教练天生比他人更擅长表达同感，但是移情倾听是一种可以通过练习培养的技巧。学习移情倾听的最佳方式是积极倾听，以倾听者的身份自觉地加入沟通过程中，而不是被动地倾听别人所讲述的内容。多练习以下这些技巧，可以成为积极的倾听者。

（1）培养倾听的思维定式。停下正在做的事情，集中注意力倾听他人的讲话。

（2）使用鼓励的方式。在点头时，说出诸如"我明白了""嗯嗯""是的"等简单的肯定句，这可以传达积极倾听和鼓励说话者继续分享的意思。

（3）释义内容和表达情感。用自己的话表述所听到的内容，总结核心信息和表达情感。这里可以使用引用，例如，"我听到你说的是……""你告诉我的是……""听起来，你对……很感兴趣"。

（4）提出问题，以便说明和细化。提问题意味着你正在倾听，而且由衷地想理解说话者的观点。尝试提出一些开放性问题（不能只用"是"或"不是"回答的问题）："好有趣——你能再多说一些这方面的内容吗？""接下来怎么样呢？""下次你会尝试哪些不同的方法呢？"此外，还要避免以"为什么"开始的提问，这样的提问会引起对方的防御反应。

（5）检查自我认知。诸如"让我确定一下，我的理解是……""说明一下，你的意思是……"等表达意味着你正在倾听且尝试理解他人的意思，同时让说话者有机会解释表达错误的概念。

（6）用非语言方式表达兴趣。即使在不说话的情况下，通过眼神、侧头也可以提问题。身体语言可以引起或者阻止与他人的交谈。高效的倾听者可以使用这种方式来传达他们的倾听意愿。在面对面的交谈中，要注意倾听的姿态，身体稍微向前倾斜，保持眼神交流，同时采用放松的姿势。

积极倾听需要花费时间和精力，而且做到积极倾听并不是一件容易的事情。但是，学会积极倾听不仅可以获得意外的收获，也不需要花费大量的时间纠正误解和恢复受损的关系。通过积极倾听，能够完全理解独特的情形和学员的情感，接下来就可以更轻松地激励、影响和带领学员。而学员也会更愿意接受教练员的看法，同时更乐意倾听教练员的指导。

3. 练习积极倾听技巧

教练员与学员谈论问题或个人话题时，在开始陈述自己的看法或建议之前，可以重新阐述对方所表达的意思。这样做也可以帮助学员练习积极倾听。例如，在比赛最激烈的时候，学员经常会看向教练员，即使他们之间没有任何语言交流也是如此。还有一个策略，是要求学员总结所接收到的信息的主要意思，这样可以创造一种鼓励积极倾听的心理定势。

第二节　教练员常规讲解与示范的方法

一、讲解法

讲解法是教练员用语言向学员说明锻炼任务、动作名称及其作用，完成动作的要领、方法和要求以及指导学员进行学习和锻炼的一种方法。运用讲解法时须注意以下几点：

（一）精讲多练

体育教学的特点是以身体实际操练为主，实际操练占教学的大部分时间，可以说练习密度的大小决定了教学效果的好坏。体育指导中，为了保证学员有足够的锻炼时间，教练员应尽量做到精讲多练。众多的指导内容，经过教练员的钻研、加工和提炼而成为简明扼要、重点突出的教学内容，使学员一听就懂，又便于理解记忆，这才是精讲的核心。精讲的目的，一方面是使学员更快捷地掌握知识技能，另一方面是增加学员练习的机会。

要做到精讲，教练员必须深入了解动作技术，加深对动作的理解，掌握动作的重点和难点，这样才有可能在讲解时重点突出，语言准确、形象生动。

（二）善于运用比喻

教练员在讲解中如果只是讲干巴巴的理论，学员就会感到乏味。如果教练员在讲解时，不仅简明扼要，而且运用恰当的比喻，使讲解生动形象，学员就易于接受和理解。但需要指出的是，要选择和新知识在本质、结构上有共同之处且学员熟知的形象事物作比喻，这样才能达到生动形象的目的。

（三）正确运用体育术语

术语是专门性的语言，是最集中、最概括、最精练的语言。体育术语是从体育运动技术中提炼出来的专门性的技术用语，它是人们长期从事体育运动实践的产物，是人们在从事体育工作时用以统一认识、交流信息的特殊用语。许多体育术语是用概括性的词语来说明某个动作的名称、技术特点、动作结构、动作规格等。例如，滑雪指导中的"蹬跨式转弯""立刃"等。与生活中的语言不同，术语是人们经过学习才能掌握的一种专门概念语言。

教练员使用术语要准确恰当，该用术语时绝不能随便用俗语。例如，在教学过程中需要调动队伍时，一定要用正确的队列队形口令，而不能说"走""跟我走""朝这边""往那边"等。此外，运用术语不能超越学员的理解能力。教练员在讲解一个技术动作的名称、过程、要领时，所用术语应有利于学员建立正确的动作概念，有利于学员掌握动作的技术、技能。例如，在指导学员练习时，要求"转髋""送髋"，这时要首先使学员明白髋部指的是人体的哪一部位，什么样的动作叫"转"和"送"，只有当学员完全理解了这些内容后，才能建立起"转髋"和"送髋"这两个术语正确的技术概念。

（四）巧妙运用口诀

教练员在教学过程中经常会遇到一些技术较复杂的动作，为了讲清这些动作的要领，往往需要较长时间的讲述，这对学员的理解记忆和确保练习时间都不利。此时可将复杂的动作过程概括成几句话，这就是我们所指的"口诀"式讲解。口诀的特点是语言简练，条理清楚，有一定的节奏韵律，有些类似顺口溜或歌谣。

编写口诀是实施讲解法的一种辅助手段，是为了把较复杂的动作过程加以简化、条理化。口诀必须紧扣动作结构和要领，绝不可为了追求语句顺口和押韵而偏离动作的本质。口诀应力求简练和有层次性，能用一句话说明就不用两句，否则就失去了意义。另外，对那些本来就不复杂的动作，没有必要勉强去编一大套口诀，那样反而画蛇添足。

（五）注意语言的科学性

教学过程中使用的语言必须是科学的语言。科学的语言有其特定的含义：第一，语言必须能反映客观事物的现象和本质；第二，语言要能说明客观事物的发展规律；第三，不同学科的专用术语在互相引用时，不能任意改变其原意。例如，"立刃"不能称之为"竖起来"，"雪包"不能称之为"雪坡"等。教学语言不科学，肯定会造成教学过程中的谬误，每个教练员都要十分注意。

教学中的教学用语要经得起推敲。教练员要在认真理解技术动作的基础上，反复思考教学中要讲的内容，绝不能草率从事。要认真思考每个技术要领，设计好每一句话，使教学用语有充分依据，在科学性上无懈可击。科学的语言应该有根据、符合逻辑、简练而有层次。有经验的教练员，能够运用自己丰富的实践经验，把本来较复杂的技术要领归纳成几句话，甚至是几个字，可称得上是教学语言的高度概括。科学的语言需要概括，但绝不能为简化而失去科学性。教学用语是建立在科学基础上的语言，必须在教练员对教材的正确理解、熟练掌握的前提下才能运用得当。简而言之，具有正确的科学概念、掌握正确的科学方法，才会讲出符合科学的语言。

（六）讲解时要注意语言的艺术性

教学语言的艺术性主要体现在语言的形象、生动和有趣味等方面。教学语言形象、生动而有趣味，能吸引锻炼者的注意力，充分调动他们学习、锻炼的积极性。

认识事物的规律是从感性到理性、从具体到抽象、从个别到一般的过程，而形象化的语言就是把抽象的事物形象化，这就为传授知识、技术提供了一个良好的条件。例如，练习"前滚翻"时团身要紧，可形象地称之为"团成球形"。在运用形象语言时，一定要注意结合学员的年龄特点，要考虑他们原有的知识基础，即教练员选择的喻体必须是学员能够理解的形象。如果教练员用以比喻某种事物的形象是学员根本不理解的东西，这样的比喻将造成更多的混乱。

在指导学员锻炼的过程中，生动而富有趣味性的语言可以极大地调动学员的学习积极性。如果教练员能以生动风趣的指导语言紧紧吸引学员，使学员产生乐于学习的心理，高度集中注意力，这样，教学效果自然会好。反之教练员的语言平淡无奇、苍白无力，学员的注意力自然要分散，学习积极性也不高。

教学语言的艺术性，就其表现形式看是语言的形象、生动和趣味性，实质上涉及教练员的思想修养、文化水平和专业知识水平等各个方面。单纯追求语言的艺术性而脱离指导语言的科学性是错误的。教学语言的艺术性必须建立在科学性的基础上，因为教学语言不是文艺语言，它的艺术性是为指导锻炼工作服务的。

二、示范法

动作示范是体育指导的重要方法，它是贯彻直观性原则的重要途径。示范与讲解构成了体育指导中最根本的指导方法。示范是把要教的内容变成直观的形象，教练员做一个正确的示范动作，学员马上就能对所学的动作进行模仿练习。所以，示范是讲解的直观化，讲解是示范的抽象和深化，两者相辅相成，构成了体育教学中最普遍、最有效的指导方法。正确地运用示范法，要做到下列几点：

（一）示范要正确、合理

"正确"要求教练员示范的动作要优美、准确，能够使学员初步建立起正确的动作概念，而不能因教练员的错误示范产生错误的概念。"合理"要求教练员的示范符合学员的实际水平，不能把教学中的动作示范变成技术表演。如果教练员的示范超出了学员可能接受的水平，就会使学员产生高不可攀、望尘莫及的思想。这种脱离学员实际的示范，会使学员丧失练习信心，甚至产生惧怕心理。

（二）示范要有明确的目的性

示范要使学员明确看什么，有时是看动作的整体，为的是建立一个动作形象，更多的时候是看某个部位，如手臂、躯干或动作的衔接等。这时要想办法让学员把观察视角对准教练员希望学员看的地方，比如在某一部位放一标志物来集中注意力。切忌盲目地反复做示范动作，这样达不到预想的效果。

（三）选择合适的示范位置和示范面

一个教学班通常有四五十人，要使每个学员都能看到教练员的动作，就必须选择合适的示范位置和示范面。

示范位置的选择与动作方向、器材、队形等有直接关系。滑雪教学初期可能会有一些陆地教学项目，不需要固定场地，应根据人体活动规律和动作结构来确定示范位置，可以在队伍的正面、侧面或斜面，也可以在队伍的后面或中央。对一些需要在雪地进行教学的项目，既要考虑示范位置，又要安排好学员的队形。例如，示范位置的高低、学员的人数、队列排面的宽度和纵深等。

示范面是根据生物力学中关于人体运动器官 3 个基本运动轴和平面的观点而确定的。教练员的示范围绕前后轴运动时，应面向或背向学员。教练员的示范围绕横轴运动时，应侧向示范。教练员的示范动作围绕垂直轴运动时，则需根据需要解决的主要问题来确定示范面。在教学过程中，一个动作往往围绕两个或两个以上的轴运动，这时应注意示范的位置和方向。

（四）示范的次数要恰当，示范的时机要合适

在指导学员的过程中，很多动作是学员从来没有体验过的。针对这类动作内容，教练员在说明动作名称后应立即进行完整的动作示范。对一些学员学过的动作，为了复习或提高，教练员可在讲解后再进行示范；对较复杂和难度大的动作，教练员可多示范几次；简单易学的动作，就可以少示范几次。总之，示范是一种教学方法，要根据学员的需要决定示范的时机和次数。在教学过程中有时为了提高学员的积极性，偶尔增加一两次优美的示范是可以的，在教学过程中一定要避免教练员唱独角戏，把学员变成观众，那样就会失去教学的意义。

三、讲解法与示范法相结合

滑雪教学中，讲解、示范方法的运用是使学员明确教学任务，了解教学内容（如各种动作的名称、结构、要领、练习方法和要求，以及教学价值），并通过练习实践，掌握和巩固所学的知识、技术、技能，从而达到增强体质的根本目的。从生理学上说，运用多种感觉器官感知所学内容，可以提高直观教学效果。在实际的教学过程中，讲解法与示范法经常结合运用。科学实验证明，运用两种感觉器官比运用一种感觉器官的教学效果要好。

其效果的顺序是：既听又看效果最好，只看不听效果次之，只听不看效果最差。因此，在滑雪教学的过程中，讲解和示范结合运用，将直观与思维紧密结合，能取得较好的教学效果。

讲解与示范在教学过程中有着密切的联系，它们在体育指导方法中有同等重要的地位。有时候教练员为了让学员学会某个动作，不仅要讲解这个动作的练习方法和要领，还要进行动作的示范。只讲解不示范，学员得到的只是抽象的概念；只示范而缺乏必要的讲解，学员只能看到一个动作形象。所

以，讲解与示范是互相依存、互相补充、相辅相成的，是统一过程的两个侧面。当然，这不是说在任何情况下，只讲解、示范或是既讲解又示范。依据不同的教学内容和不同的教学要求，有时讲解是主要的方法，示范是对讲解的补充；有时示范是主要的方法，讲解则是对示范的说明。二者的结合形式有：

（1）教练员先讲解某一动作练习的作用和意义，然后再进行完整的示范；接着以慢速示范，结合讲解技术要领并指出技术的关键部分；最后，让锻炼者独立地进行反复练习，教练员在旁指导。这种结合形式适用于对新内容的指导。

（2）教练员在做完整示范的同时讲解动作练习的技术要领，学员边听、边看、边练。这种结合方式适用于复习课的指导。

（3）教练员边讲边示范，学员边听、边看、边练。这种形式适用于简单的动作练习，如徒手体操、广播体操和健美操等。

四、预防和纠正错误法

学员在学习和掌握各项运动技能的过程中，不可避免地会出现各种各样的错误，这些错误动作不仅会使学员形成错误动作的定型，还可能会对身体产生不良影响，甚至出现伤害事故。因此，预防和纠正错误是体育教学过程中的一种重要方法。

（一）产生错误动作的原因

预防和纠正都是对错误动作进行校正的有效手段。教练员首先要着眼于预防，也就是防患于未然。如果预防工作进行得好，就可大大减轻纠正的负担。能否找到学员产生错误的原因是能否做好预防工作的关键，是运用这个指导方法的前提。概括起来讲，学员产生错误动作的原因有下列四个方面：

第一，由于教练员对技术要领钻研不透、理解不深，在讲解与示范中传授了错误的知识概念，或是在指导中抓不住重点难点，造成学员理解上的错误。这些因素都会导致学员在练习时出现错误动作。这种错误往往体现在大多数学员身上，它对教学效果的危害性也最大。预防这种错误的措施，主要是教练员要认真备课，不断提高自己的学习指导能力，特别是讲解和示范的能力，在教学中给学员以正确的动作概念。

第二，练习项目的安排和教学法的选择与学员的接受能力差距过大，也会造成较多的错误动作。教练员在选择教学方法时，一定要考虑学员的实际情况，这样才能预防错误动作的产生。

第三，由于学员对所学的内容缺乏明确的目的性，练习时积极性不高，态度不认真，或由于所学的动作难度大、运动量大而产生畏难、怕苦等情绪。这些心理上的不利因素也可能导致产生错误动作。对此，教练员应在指导过程中加强学习目的的教育，运用各种方法启发和调动学员的积极性。在教法上则要采取灵活多样的方法，使学员在练习中产生兴趣，增强信心，克服种种不利的心理因素，以达到预防错误动作的目的。

第四，学员在学习一个正确的动作前，多数已有部分技能迁移，如观看各种体育竞赛和表演、学员之间的互相传授、学员自行模仿等。这些行为可能使某些学员在学习正确动作之前已经形成了一些错误的动作概念。所以，教练员在教学前应深入了解学员的有关情况，在教学过程中注意动作技能的迁移规律，采取防止错误技能迁移的措施。

（二）纠正错误动作的注意事项

从动作技能的形成规律看，在泛化阶段和分化阶段均易产生错误动作，这个阶段也是纠正错误动作的关键时机。所以，在大力预防错误动作的基础上，必须重视并及时纠正已发生的错误动作。纠正错误动作的方法多种多样，但不论采取什么方式，都要注意下列几点：

第一，发现学员在练习中有错误动作时，首先要分析其产生的原因。这就要求教练员具有一定的观察和分析能力，有较高的业务水平。只有掌握了产生错误的原因，才能对症下药，及时纠正错误。

第二，纠正错误要抓主要矛盾。学员在练习中的错误动作有时不止一个，如果急于求成，不分主次地纠正，往往会无所适从，甚至失去改正错误的信心。另外，学员的错误动作有时虽然表现在这一环节，但产生错误的原因可能是另一个环节的错误所造成的。如果教练员不分主次，就抓不住错误的症结，当然也不可能使错误得到纠正。在错误动作较多时，要抓住主要矛盾，先纠正主要错误，然后再有顺序地逐个纠正其他次要的错误。

第三，纠正错误动作时，一定要根据存在同样错误动作的学员的人数来确定纠正的方式。如果是多数人的错误，可以采取集体纠正的方式；如果是个别学员的错误，则可以采取个别辅导的方式。无论采用哪种方式，教练员都要耐心启发，使学员感受到教练员的殷切期望，以增加克服错误动作的信心，从而增强改进动作的勇气。

在滑雪教学过程中，各种指导方法是互相联系的一个整体，且各种方法都有一定的使用范围。教练员在选择教学方法时要遵循"法无定法、贵在得法"的基本原则，要重视各种方法的作用，只有灵活地运用各种方法，才能不断地提高教练员的教学质量。

第六章

滑雪教练员的素质现状和提升建议

滑雪运动最早出现于北欧地区，20世纪30年代，滑雪运动规模逐渐扩大而形成滑雪旅游产业，随后传入其他地区。因为滑雪运动与旅游、文化等多个行业都具有渗透关系，所以滑雪运动开始进入大众消费领域。随着国家经济的发展和全民体育竞技意识的增强，滑雪运动逐渐被健身运动爱好者所喜爱，逐渐成为运动爱好者休闲与娱乐的主要健身方式之一。2022年，北京与张家口共同承办冬奥会，国内冰雪产业、滑雪运动会空前发展，但是滑雪产业属于系统工程，需要场地、设备、教练与运营等软硬件条件共同支撑。随着滑雪运动空前发展，滑雪教练员市场逐渐扩大，大规模的滑雪教练员队伍存在素质参差不齐的现象。滑雪运动专业性强、技术动作要求高，且场地特殊，属于高危险性体育项目。滑雪教练的综合素质与消费者滑雪运动满意度息息相关，运动爱好者得不到更为专业系统的指导，增大了运动危险系数。通过具体研究滑雪教练员的综合素质，从理论研究的视角分析，为滑雪产业发展奠定基础。本章以××市十四家滑雪场滑雪教练为对象，采取文献资料法、访谈法、问卷调查法、数理统计法，以素质模型作为理论基础，对滑雪场滑雪教练素质问题进行研究。

第一节　××市滑雪教练员素质概述

在滑雪场范围内，从事滑雪的技术指导与滑雪知识传授，以及提供相应管理服务的教练人员，属于有偿性的社会体育教练员的范畴，被纳入国家职业目录，需要持有相应的职业资格证书，并参加相应的技术培训。

一、××市滑雪教练员的总体情况

就目前而言，××市滑雪场滑雪教练员总体数量与实际需求还存在一定的差距，其中，女性教练员的数量低于男性教练员。

××市滑雪场滑雪教练员的年龄情况。××市滑雪场滑雪教练员群体还是比较年轻的，中青年教练员成为中坚力量，这一部分群体承担主要职责。

××市滑雪场滑雪教练员的性别情况。××市滑雪场滑雪教练员中，男性教练员与女性教练员的比例呈现出不同趋向，男性教练员的比例明显高于女性教练员的比例。据此而言，××市滑雪场滑雪教练员出现了性别失衡问题。

（一）××市滑雪教练员的年龄情况

滑雪场滑雪教练员承担着安全指导、人员培训等职责，所以对身体素质要求较高，年轻化的教练队伍必然具有较大的发展潜力。据此，年龄是分析××市滑雪场滑雪教练员素质现状的重要依据。在对××市滑雪场滑雪教练员年龄统计中发现，样本一线在岗教练员的年龄处于 23 至 34 岁之间，据此在调查中将年龄划分为两个阶段：23 至 30 岁，31 至 34 岁。××市滑雪场滑雪教练员年龄相对而言并不高，这与滑雪场滑雪产业发展的时间，以及滑雪场招聘滑雪教练的要求有直接关系。

表6－1　××市14家滑雪场滑雪教练员情况一览表（N＝65）

年龄		学历		职称		专业经历		工作年限	
23至30岁	31至34岁	专科	本科及以上	一级	二级与三级	有	无	5年及以下	5年以上
322	242	362	202	102	462	318	246	323	241

（说明：1. ××市滑雪场滑雪教练员年龄局限在23～34岁区间内，在调查统计中，30岁成为该地区滑雪场滑雪教练员年龄分界点，因此在统计时划分为23～34与31～34这两个年龄阶段。2. 专业经历：从事三年以上一线滑雪技术指导与安全保障的实践经历。）

根据表6－1来进行具体分析，年龄主要是处于23～34这一区间，再对这一区间予以细化，23～30岁的滑雪场滑雪教练员占77%，接近80%，是主要的群体，而其他年龄阶段的滑雪教练员则不到30%，通过这两个年龄阶段的对比分析，××市滑雪场滑雪教练员群体还是比较年轻的，中青年成为教练员队伍的中坚力量。

（二）××市滑雪教练员的性别情况

××市滑雪场滑雪教练员中，男性的滑雪场滑雪教练员是440人，所占比例是78.01%，女性的滑雪教练员是124人，所占比例是21.99%。在对不同性别滑雪爱好者指导的时候，女性滑雪爱好者往往要求得到女性教练员的指导。但是，就目前情况而言，占比21.99%的女性滑雪教练员数量比较匮乏，这不利于××市滑雪场的发展。接下来，对雪场滑雪教练员性别比例失调原因进行分析。滑雪产业在我国的发展时间还不长，这与人才的培养周期出现矛盾。人们的思想认知还没有成熟，再加上滑雪这项体育运动本身对体力、耐力，以及技巧等方面的要求比较高，女性在这些方面无法与男性相比，因此女性的滑雪教练员数量低于男性滑雪教练员数量。

二、××市滑雪教练员素质现状

麦克利兰素质模型中，把个体素质形象地描述为漂浮在洋面上的冰山，其中知识和技能是属于裸露在水面上的表层部分，这部分是对任职者基础素质的要求，但它不能把表现优异者与表现平平者区别开来，这一部分也称为基准性素质（Threshold Competence）。基准性素质是容易被测量和观察的，因而也是容易被模仿的；换言之，知识和技能可以通过针对性的培训习得。内驱力、社会动机、个性品质、自我形象、态度等属于潜藏于水下的深层部分的素质，这部分称为鉴别性素质（Dif – ferentiating Competence）。它是区分绩效优异者与平平者的关键因素，职位越高，鉴别性素质的作用就越大。相对于知识和技能而言，鉴别性素质不容易被观察和测量，也难以改变和评价，很难通过后天的培训得以形成。素质模型就是指素质主体为完成既定的目标应该具有的综合素质，这些素质可以为主体胜任自己的工作、完成自己的任务提供充分的保障。素质模型的构成分为一级构成与二级构成，一级构成是指主体素质的群组内容，二级构成则是指多个素质特征。由素质模型的建立形成素质理论。素质理论认为人的综合素质包含三个方面，即知识素质、技能素质与潜在素质。

在对××市滑雪场滑雪教练员素质现状的研究中，将知识与技能的素质作为主要的研究内容，是因为××市滑雪场滑雪教练员担负着安全与教学的职责。其基本性的素质包括滑雪的基本动作知识与技能、滑雪的自我保护知识与技能、滑雪的耐力养成知识与技能、滑雪板使用与减速慢行知识与技能等。教练员知识与技能层面的素质会在其履行自己的职责中发挥十分重要的作用。据此而言，知识与技能素质的高低成为××市滑雪场滑雪教练员素质现状的代表性因素。

（一）××市滑雪场滑雪教练员知识素质现状

知识素质就是指人在某一特定领域内具有的特定的专业性与经验性知识信息。××市滑雪场滑雪教练员的知识水平处于中等偏上，高学历的教练人员比较稀少，有专业经历的教练比没有专业经历的教练少，这就说明××市滑雪场滑雪教练员的文化素质处于中等水平，而且整体专业知识素质亟待提高。

××市当前的滑雪行业的发展具有带动性，就滑雪场现状而言，当地的市民会利用周末时间到滑雪场进行娱乐与健身，这期间滑雪教练员的作用很大。滑雪教练员需要对滑雪爱好者的技术进行指导，并保障其人身安全，保证滑雪场的正常运作，这就对滑雪教练员提出了极高的要求。滑雪场滑雪教练员必须具备较高的知识素质，才能够满足滑雪场安全运作的要求。

1．××市滑雪场滑雪教练员学历与专业经历情况

学历是滑雪场滑雪教练员从事自己职业的首要条件，从表6－1的统计数据来看，目前，××市滑雪场滑雪教练员中，具有专科学历的人员是362人，所占比例是64.18%，而本科及本科以上的人员是202人，所占比例是35.82%。就绝对数量而言，专科学历的滑雪场滑雪教练员比本科学历多出160人，即高出28.36%；具有专业经历的教练员是318人，占比56.38%，没有专业经历的教练员是246人，占比43.62%。

2．××市滑雪场滑雪教练员培训情况

对××市而言，目前，培训已经成为提升滑雪教练员基本素质的主要路径之一，在具体的操作中，采用"一般性培训与个性化培训"相结合的方式。一般性的培训，指体育管理部门向滑雪场滑雪教练推荐的多元化培训项目。这些培训项目有必修与选修两种，必修性的培训就是指省级与市级的在岗业务培训。在岗业务培训是指公需培训；选修培训是指一些具有极强针对性的专业技术交流培训；个性化的专业技术交流培训，滑雪教练可以根据自己的需要决定是否参加，也可以将这些培训项目予以整合。但是需要指出的是，无论选择哪种培训项目，都必须达到相应的学分，否则就会被视为不合格。一般而言，××市滑雪场滑雪教练的培训项目划分为滑雪场滑雪教练行业培训、滑雪场滑雪教练技能培训、××市滑雪场滑雪教练岗位培训、滑雪场培

训四种。这四种培训属于必需性的培训，学员参加率很高，对滑雪场滑雪教练素质的提升具有极大的促进作用。

表6-2　××市14家滑雪场滑雪教练员接受培训的主要方式（N=65）

培训项目	滑雪场滑雪教练 行业培训	滑雪场滑雪教练 技能培训	××市滑雪场滑雪教练 岗位培训	滑雪场培训
比例	100%	85%	78%	100%

据表6-2而言，滑雪场滑雪教练行业培训、滑雪场滑雪教练技能培训、××市滑雪场滑雪教练岗位培训、滑雪场培训已经成为××市滑雪场滑雪教练培训的主要方式，滑雪场滑雪教练对这四种培训项目具有不同的关注度，其中省级培训关注度最高，达到100%，其次是滑雪场培训，滑雪场滑雪教练的参加率也达到100%。从原因上分析，就是因为滑雪场滑雪教练行业培训具有规格高、权威的优势，滑雪场培训则是因为方便，契合于滑雪场滑雪教练工作的实际而受到滑雪教练的欢迎。当然，在对滑雪场滑雪教练培训方式的调查中，滑雪场滑雪教练们还提出了其他培训方式，因此，滑雪场滑雪教练的培训是多元化的。

从学历情况来看，××市滑雪场滑雪教练员的知识水平处于中等偏上的水平，高学历的教练人员比较稀少。据此而言，××市滑雪场滑雪教练群体具有基础性的知识素质，但是高层次的知识素质欠缺。从专业经历分析，有专业经历的教练比例低于没有专业经历的教练。这说明××市滑雪场滑雪教练员的知识素质中文化素质处于中等水平，但是整体专业知识素质亟待提高。再对其培训状况进行分析，××市滑雪场滑雪教练员的培训效果并不明显，这说明其专业知识更新不够。

（二）××市滑雪场滑雪教练员技能素质现状

技能素质就是指人在某一特定的领域内应用所掌握的知识，并在实践中操作的基本技术能力。××市滑雪场滑雪教练员有五年以上经验与有专业经历的教练员占据的比例较低，这就说明教练员整体上存在专业性技能经验积累不足问题，除此之外，一级教练员数量偏少的现状，会造成××市滑雪场滑雪教练员技能素质中的创新力欠缺。

1. ××市滑雪场滑雪教练员任教时间

再对上表的统计数据进行分析，其中五年以上的滑雪场滑雪教练的数量为 241 人，所占比例是 42.73%，五年以下的滑雪场滑雪教练的数量是 323 人，所占比例是 57.27%，对二者的对比就可以得出结论，处于五年以下的滑雪场滑雪教练的数量比较多。

2. ××市滑雪场滑雪教练员滑雪运动经历

对上表的统计进行分析，具有专业经历的滑雪场滑雪教练的数量是 318 人，所占比例是 56.38%，不具有专业经历的滑雪场滑雪教练的数量是 246 人，所占比例是 43.62%，虽然具有专业经历的教练数量大于没有专业经历的教练数量，但是，没有专业经历的教练数量超过 40%，这一部分滑雪场滑雪教练员原来并没有相应的经验积累，而且所占的比例比较高，这对滑雪场的发展是不利的。

3. ××市滑雪场滑雪教练员创新能力

××市滑雪场滑雪教练员创新能力与学历、专业经历，以及职称都具有直接的关系，学历、专业经历已经在上文中予以论述，在本部分可以立足于职称来予以论述。从职称视角探究，三级与二级职称的滑雪场滑雪教练员是 426 人，所占比例是 75.53%，一级滑雪场滑雪教练员是 102 人，所占比例是 24.47%，相比较而言，一级滑雪场滑雪教练员的数量是比较少的，并极有可能对滑雪场的发展造成人才羁绊，这是因为充足的一级滑雪场滑雪教练员，不仅会对滑雪场中的活动参与者形成有效指导，还会给经验不丰富的教练人员以技术上的指导。

4. ××市滑雪场滑雪教练员从业资格

滑雪场滑雪教练招聘是补充优秀资源的有效途径之一，从业资格则是获得招聘的前提条件，因此，通过招聘来认知××市滑雪场滑雪教练员从业资格发展变化的基本情况。就目前而言，××市新滑雪场滑雪教练的招聘力度并不大，主要是由内部予以调配解决，下文对此给以具体分析。

表6-3　　××市14家滑雪场滑雪教练员招聘一览表（N=65）

招聘滑雪场滑雪教练周期	1年之内	2~3年	4~5年	5年以上
比例	32%	21%	23%	24%

据表6-3而言，××市滑雪场在1年之内、2~3年、4~5年、5年以上新招聘的滑雪教练员的比例分别是32%、21%、23%、24%，这一组数据说明，在1~5年期间，新滑雪教练员招聘数量处于缓慢上升的趋势，尤其是在1年之内新招聘的滑雪教练员所占比例是32%。据此而言，获得××市滑雪场滑雪教练员从业资格的人员增长与××市滑雪场产业的发展，以及活动参与者增长比例不一致。与实际需求对比，新进人员远远无法满足现实需求，从而直接导致滑雪场滑雪教练资源的匮乏，于是一些滑雪场另辟蹊径，内部转岗与借调是主要的路径之一。所谓的内部转岗有两种方式：一种方式是本场内的岗位转变，滑雪场造雪机操作岗位人员、安全保卫岗位人员转岗等；二是外场滑雪场滑雪教练的转岗，例如跨滑雪场滑雪教练兼职。在调查后发现，这种方式具有较大的认可度，既解决临时性滑雪场滑雪教练不足的问题，又可以有效完成滑雪技术指导与安全保障任务，一举两得。

从任教时间与专业经历视角分析，五年以上经验与有专业经历的教练员所占的比例较低，这说明教练员整体上存在专业性技能经验积累不足问题。再从职称视角分析，一级教练员数量偏少的现状，会造成××市滑雪场滑雪教练员技能素质中的创新力欠缺。

综上可知，××市滑雪场滑雪教练技能素质处于参差不齐的状态，即专业性的技能素质弱于非专业性的技能素质，实践性的技能素质弱于理论性的技能素质，高层次的技能素质弱于基础性的技能素质。

（三）××市滑雪场滑雪教练员潜在素质现状

素质理论认为：潜在的素质有人的角色定位，即在某一领域内的职责定位；自我认知，即对自己角色与地位、作用的评价、人的特质等，这主要体现在人的性格、行动的坚决性与克服困难的毅力等方面；行为的动机，动机可以对人的行为进行方向性的引导，并激发人的行为的内在驱动力。针对××市滑雪教练员的社会角色、自我认知以及动机的研究，基于此就属于潜在素质研究的范畴。

××市滑雪场滑雪教练员潜在素质现状的研究中，大部分的××市滑雪教练员在事实上承担了技术的指导者与安全的保障者的角色，秩序的维护者与道德的引领者的角色没有凸显；××市滑雪场滑雪教练员的个人动机、职业动机、物质动机以及社会动机中，职业动机、物质动机、社会动机、个人动机存在动机的激励性不强问题，这就大大影响了其潜在的素质。

在滑雪事业蓬勃发展的现实中，滑雪的社会需求比较旺盛，尤其是在2022年北京冬季奥运会的举办，会使得北京甚至全国的滑雪场与滑雪的人员数量都大幅攀升。据此而言，北京申办2022年的冬季奥运会就起到催化剂的作用，这在一定程度上刺激滑雪场的兴起与繁荣，并会对滑雪场的滑雪教练素质提出更高的要求。滑雪场滑雪教练只有具备较高的素质，才能够满足大群体消费者多元化的需求。

1. ××市滑雪教练员社会角色

××市滑雪教练员的社会角色可以从安全的保障者、技术的指导者、道德的引领者、秩序的维护者这几个方面进行定位。

一是安全的保障者。××市滑雪教练员主要的岗位职责就是确保滑雪者的人身安全，这也是其最为主要的工作职责，尽量避免滑雪者从事危险的操作动作，规避不科学的行为。

二是技术的指导者。××市滑雪教练员言传身教，对滑雪者进行技术上的指导，确保其滑雪的技术规范，能够自主性从事滑雪活动。

三是道德的引领者。以自己的言行感染滑雪者，使之在参与滑雪运动中建构良好的道德品质，这就要求教练人员自身具有团结协作、仁者爱人的良好体育精神。

四是秩序的维护者。在滑雪场内，教练人员会配合诸如安全保卫人员、医护人员等维护滑雪场内的秩序，为滑雪者创造一个良好的环境。下面再通过调查的方式对××市滑雪场滑雪教练员社会角色认知情况进行分析。

表6-4　××市14家滑雪场滑雪教练员社会角色认知一览表（N=65）

项目	一项	两项	三项	四项
比例	45%	32%	15%	8%

在对表6-4的统计数据进行分析，表中设计安全的保障者、技术的指导者、道德的引领者、秩序的维护者四个选项，在选择的时候，被调查者可以根据自己的理解任意选择。

有45%的被调查者选择一项，32%的被调查者选择两项，15%的被调查者选择三项，8%的被调查者选择四项。在分析数据的时候，被选择概率最高的选项是技术的指导者，其次是安全的保障者，继而是秩序的维护者与道德的引领者。这就说明，大部分的××市滑雪教练员在事实上承担了技术的指导者与安全的保障者的角色，这对北京滑雪场的发展是十分有利的。但是，仅有8%的被调查者选择四项，这一比例是比较低的，据此而言，××市滑雪教练员大部分是承担技术的指导者与安全的保障者这两个角色，缺失对秩序的维护者与道德的引领者角色的担当。

2．××市14家滑雪场滑雪教练员自我认知情况

就调查的项目分类而言，主要划分为四种类型。

表6－5　××市14家滑雪场滑雪教练员工作量一览表（N=65）

工作量	5~6时	7~8时	9~10时	11时及以上
比例	13%	28%	40%	19%

据表6－5分析，这四种类型的占比并不一样，其中，处于9~10小时这一区间的占比为最高，平均是40%。这说明××市滑雪场滑雪教练员工作量处于中间水平。在对滑雪场滑雪教练员兼职情况进行调查的时候，大部分滑雪场滑雪教练员认为自己是处于兼职的状态。对于滑雪场管理者的认知而言，滑雪场滑雪教练员群体具有年富力强、知识积累丰富的优势，但是缺乏相应的技术指导。在滑雪技术指导与安全保障的经验积累方面，兼职可以在不同岗位上得到历练，从而更快成长，这有利于滑雪产业的发展。据此而言，××市滑雪场滑雪教练能够对自己工作岗位的要求有清醒认知，并努力提升自己的综合素质。

3．××市滑雪场滑雪教练员动机

滑雪场滑雪教练员的自主发展与自己的工作岗位具有十分密切的关系，素质理论认为滑雪场滑雪教练应该以自己所具有的知识、经验与能力作为基础来指导滑雪者的学习行为，正视滑雪者多元化需求与外界环境不断变化这一现实情况，这就说明滑雪场滑雪教练的自主发展与滑雪者的发展存在一致性。如果滑雪场滑雪教练员具有良好的动机，就会在职业实践中逐渐积累经验，从而促进自己的专业化发展，反之则会对自己专业化发展不利。一般而言，××市滑雪场滑雪教练员动机可以划分为个人动机、职业动机、物质动机和社会动机四大类。

（1）个人动机

个人动机就是指部分××市滑雪场滑雪教练员，将个人发展作为从事这一职业的内在动力，认为只有做好本职工作，才能够促进个人各方面的综合素质不断提高。

表6-6　　××市14家滑雪场滑雪教练员个人动机认知一览表（N＝65）

项目	个人发展	经济利益	临时就业	其他
比例	33%	32%	13%	22%

据表6-6分析，有33%的被调查者选择个人发展，32%的被调查者认为个人动机是获取经济利益，还有13%的被调查者认为自己是临时就业的动机，其他的占22%。可以看出，在整体上个人发展动机与经济利益动机占65%，但是个人发展动机整体偏少，说明××市滑雪场滑雪教练员个人动机存在多元化趋向。

（2）职业动机

职业动机就是以自己的职业作为首要的动机，即注重自己职业能力的提升，从而使自己在工作实践中胜任自己的职业。接下来，从××市滑雪场滑雪教练员的视角研究职业发展认知的情况。

表6-7　　××市14家滑雪场滑雪教练员职业发展认知一览表（N＝65）

项目	一项	两项	三项	四项
比例	6%	70%	11%	13%

据表6-7分析，在调查问卷的设计中，设计了岗位实践、参加培训、互相帮扶、其他四项指标，被调查者可以任意选择，其中选择两项的达到70%，位居前两项的是岗位实践与参加培训。这就说明在××市滑雪场滑雪教练员认知方面，70%的被调查者将岗位实践与参加培训作为自己职业发展的途径，再就职业动机的促进作用进行调查分析。

就滑雪场滑雪教练职业而言，激发内在动力，明确发展目标，就会使滑雪场滑雪教练员重视自己的事业，从而更加热爱自己的事业。但是我们在调查与访谈后发现，滑雪场滑雪教练员群体存在职业倦怠问题。

表6－8　××市14家滑雪场滑雪教练员职业动机作用调查（N＝65）

项目	十分满意	一般	不满意	不知道
比例	18%	23%	50%	9%

根据表6－8中的调查数据分析，有50%的被调查者对职业动机的作用持有否定态度，即认为职业对自己的吸引力与促进作用在大大降低，这说明部分教练员产生了职业倦怠。这一问题的出现，主要体现在滑雪场滑雪教练员的职业目标不明确这一方面。在确定滑雪场滑雪教练员的职业发展目标上存在模糊性问题，从而使滑雪场滑雪教练员对自己未来职业发展没有信心，再加上条件艰苦、环境封闭，也进一步加深了其负面情绪。

（3）物质动机

物质动机即从事工作过程中，着力于获得劳动报酬，并将诸如绩效考核、福利待遇等作为激发自己工作内驱力的源泉。

表6－9　××市14家滑雪场滑雪教练员劳动报酬认知调查（N＝65）

项目	十分满意	一般	不满意	不知道
比例	26%	40%	21%	13%

据表6－9分析，在对××市滑雪场滑雪教练员劳动报酬认知调查中，有26%的被调查者持有十分满意的态度，这一比例并不高，但是还有高达40%的被调查者认为自己对薪酬是一般满意的，尤其需要指出的是，有21%的被调查者认为自己不满意自己的薪酬，这表明××市滑雪场在物质激励层面存在一定的短板，需要进一步强化。

（4）社会动机

社会动机，是在从事自己的工作中，谋求获得社会的肯定与赞誉，社会的认可是其工作的内在动力。

表 6 – 10　　××市 14 家滑雪场滑雪教练员社会肯定与赞誉认知调查（N = 65）

项目	十分期望	一般期望	偶尔期望	从不期望
比例	43%	34%	16%	7%

据表 6 – 10 分析，在就××市滑雪场滑雪教练员社会肯定与赞誉认知的调查中，有 43% 的被调查者认为自己十分期望得到社会肯定与赞誉；有 34% 的被调查者认为自己一般性的期望得到社会肯定与赞誉。这说明有相当一部分××市滑雪场滑雪教练员认为得到社会肯定与赞誉对自己起到积极性促进作用；但是依然有 57% 的被调查者不属于这一范围，社会动机发生作用还保持在一个不高的程度，其作用空间需要得到拓展。

三、滑雪教练员综合素质的影响和作用

（一）滑雪教练员的综合素质对滑雪爱好者兴趣起到激发作用

现代教育强调：学生在学习活动中是主体，教师更多的是发挥主导作用去引导学生学习，现代教育理念更加注重发挥学生学习的主体性，调动学生学习的积极性和主动性，使学生学到的知识内化为自己的知识。所以，滑雪活动中，滑雪教练员要培养滑雪爱好者养成自觉寻求知识、获取知识的能力，从而培养学员的兴趣爱好。北京市南山滑雪场市场部经理郑燕秋表示："中国的滑雪者大部分是初次体验，自己没有装备，需要租用滑雪场的滑雪用具、服装等，加上周末节假日的客流量数以千计，消费者办理手续、租用衣服与雪具、试穿雪鞋、雪板等手续十分烦琐，再加上滑雪场赛道规划、雪质、设施、服务等不够完善，消费者通常会丧失对滑雪的热情与乐趣。"这表明滑雪

场的服务效果是保证滑雪者对该项运动兴趣爱好的关键。滑雪教练是直接面向滑雪者进行服务的，滑雪教练采用趣味性、友善性的指导方式能够提升服务效果，并且在技术动作教学中让滑雪者快速掌握相关滑雪运动基本技巧，让初次体验滑雪的运动爱好者能够领略滑雪运动的魅力。而对于少数具有一定滑雪运动基础的消费者，教练运用专业素质，让运动者掌握技术要求更高的滑雪运动技巧，从而培养和提升滑雪爱好者较为长远的兴趣爱好。

（二）滑雪教练员综合素质对滑雪安全的影响

影响滑雪场安全的因素很多，主要有设施因素、人为因素。

设施因素主要包括雪道设置、雪场设置、滑雪装备、雪场标志等。滑雪难度系数与雪道设置如长度、宽度、弯曲度、倾斜度有直接关系，优秀的滑雪教练可以甄别滑雪者技术水平来选取场地，从而大大降低滑雪危险系数。滑雪装备主要包括手套、头盔、雪杖、服装等，完备的滑雪装备能够有效降低滑雪者运动受伤的程度。教练对滑雪装备的了解程度越高，越能保证滑雪装备达到滑雪者穿戴标准。

人为因素包括滑雪者个人因素和教练指导因素。教练对滑雪安全的重视程度和了解程度越高，越有助于滑雪者滑雪安全意识和行为的养成。滑雪场接纳的大多数游玩者为初学者，由于对滑雪危险程度不了解、安全防患意识不强，特别容易出现安全事故。因此，滑雪场教练需要特别重视对滑雪初学者的安全教学工作。优秀的滑雪教练能够保证滑雪者正确穿戴防护装备，并教授全面而系统的滑雪运动技术和安全技术动作，帮助滑雪者选择运动系数较低的赛道等。由此可见，滑雪场滑雪教练员综合素质越高，越能保证滑雪者的运动安全。

（三）滑雪教练员综合素质对滑雪场经营的促进作用

滑雪运动重点在运动体验，让滑雪者在冰天雪地的滑雪场中寻找新鲜、刺激的感觉。滑雪教练是滑雪运动一线服务者，滑雪教练综合素质直接关乎滑雪场的品牌形象，也决定了消费者对滑雪场的忠诚度与口碑。因此，滑雪者的满意度很关键，它将影响滑雪者对产品和服务的选择、重游意愿及推荐意愿。

随着滑雪场运营规模的扩大，以及树立经营口碑的需要，以提升滑雪教练综合素质来提升滑雪运动服务质量也变得很重要。从细节方面来说，教练在教授滑雪技巧过程中，以亲切友善的态度、得体近人的言谈来感染滑雪者，为滑雪者创造轻松、愉快的运动氛围尤为重要。滑雪教练是滑雪场的门面，是滑雪者热爱运动、享受服务的直接途径。滑雪场若要做大做强，在激烈的滑雪市场竞争中扩大经营规模、创造更多的利润价值，就必须以"服务第一、盈利第二"的经营理念去优化服务环境和服务管理，滑雪教练员综合素质的提高则尤为迫切。

第二节　滑雪教练员素质存在的问题

目前，我国滑雪场的教练员数量已经达到 8000 万，虽然在数量上已经达到较高的水平，但是与目前全国滑雪运动的社会需求相比较，这一数量还维持在一个比较低的水平，无法满足现实需求。滑雪教练素质的提升也遭遇到这一问题，大量的社会需求与教练数量偏少之间的矛盾，极易导致滑雪教练员素质偏低。从长远发展看，这一现状不利于滑雪教练员素质的提高。

一、教练员准入机制不健全，造成知识与技能素质低下

据调查，滑雪场工作人员兼职滑雪教练员的现象较为普遍，主要由造雪车操作员、滑雪场内安全人员、医护辅助人员等兼任，具体比例如表 6-11 所示。

表 6 – 11 ××市 14 家滑雪场滑雪教练员兼职情况一览表（N = 65）

滑雪场 教练员兼职	专职	机械设备 操作员	滑雪场安全 管理人员
比例	15%	59%	26%

（注：滑雪场内兼职即在担任滑雪场滑雪教练员职务的同时还负责其他工作）

根据表 6 – 11 的统计数据，兼职滑雪教练员主要是机械设备操作员，其次是滑雪场安全管理人员，合计占 85%。兼职滑雪教练员可以历练其能力，促使其积累经验，同时也解决了滑雪教练员不足的问题。但是一些滑雪教练员对此持有不赞同的态度，因为专职教练员还需要指导兼职教练员，兼职会影响自己的滑雪技术指导与安全保障任务，占据自己一定的时间与精力，并且教练员准入机制不健全，兼职教练员素质相对较低。

（一）专业不对口问题突出

调查发现，大量滑雪场存在滑雪教练员专业与所承担的滑雪技术指导与安全保障任务并不完全契合的现象，即专业不对口问题，下文对此进行具体分析。

表 6 – 12 ××市 14 家滑雪场滑雪教练员专业发展基本情况调查（N = 65）

体育专业	非体育专业	滑雪专业	非滑雪专业
12%	23%	22%	43%

就表 6 – 12 的统计情况而言，体育专业教练员与非体育专业教练员的比是 12:23；再从滑雪专业的视角对比，滑雪专业教练员与非滑雪专业教练员的比是 22:43。由上述数据可知，××市滑雪场体育专业与非体育专业滑雪教练员的占比都比较高。

招聘滑雪教练员的标准是比较宽泛的，这就使得一些非体育类专业人员可以考入到这一岗位，另外，一些非滑雪专业人员也可以担任滑雪场滑雪教练员。除此之外，从对滑雪场内部转岗状况的调查来看，转岗的滑雪场滑雪教练并没有相应的知识与经验积累，因此无法对新任的滑雪场滑雪教练员提供帮助与指导。尤其是一些滑雪场的管理者在面对滑雪场岗位空缺的时候，持有急功近利的思想，认为必须在短时间内填补滑雪场滑雪教练岗位的空缺才可以。正是在这一思想的指导下，内部转岗或是临时性调配就成为当前××市滑雪场滑雪教练员的主要来源渠道，这一做法也是普遍存在的。造雪机械操作员可能会担任滑雪场滑雪教练，安全保卫与医护人员在经过短期的培训后也可能会担任滑雪场滑雪教练，由此就会导致专业不对口、知识老化、接受能力差等诸多问题。从产生这一现状的根源来说，则是由滑雪场管理者的人员管理定位不准造成的。作为滑雪场的管理者，要端正自己的思想意识，重视教练的专业性地位以及滑雪产业日后的发展，强化转岗来的滑雪教练的素质，并将具有滑雪技术指导的专业知识、富有教育技术指导管理经验、心理学知识与应急反应能力的滑雪教练列入后备资源库。这样就可以达到两个目的：一是技术指导实效化的目的；二是经验传播化的目的，在考查转岗滑雪教练的时候，教育技术指导经验必须是一个硬杠杠。

（二）招聘问题

滑雪场滑雪教练员的补充是应对滑雪场滑雪教练不足而采取的措施，其主要目的是促进我国滑雪场内滑雪教练技术指导与安全保障质量的提高。从专业知识的视角来看，滑雪场滑雪教练员的专业知识是比较丰富的，但是经验相对不足，这就需要进行滑雪技术指导与安全保障实践方面的培训。但是，需要指出的是，滑雪场滑雪教练员的知识依然停留在原有状态，而且还以个人的经验为主，需要得到相应条件的支持。这些条件包括滑雪技术指导与安全保障经验的条件、物质条件、滑雪场的管理条件等。

表 6 – 13　　× ×市 14 家滑雪场滑雪教练员专业发展基本情况调查（ N = 65）

	数量充足质量高	数量充足质量不高	数量不充足质量高	数量不充足质量不高
您对近几年新调入滑雪场滑雪教练员的数量与质量有何评价	0%	28%	35%	37%

据表 6 – 13 分析，对滑雪场滑雪教练员的评价结果显示，认为存在质量问题与认为存在数量问题的各占一半，这就说明，在滑雪场滑雪教练员的分配与水平提高上的确存在诸多问题，这应该引起对滑雪场滑雪教练员数量与质量问题的关注。需要指出的是，虽然数量与质量问题是存在的，但无法阻碍对滑雪场滑雪教练员存在价值的肯定。

在访谈中，参加访谈的人员对滑雪场滑雪教练员的引领作用大加赞赏，滑雪场滑雪教练员是发展我国滑雪产业的关键，滑雪场滑雪教练员在年龄、知识、技术、思想等方面都具有极大的优势，可以立足于自己的岗位承担更多的工作。一是可以传授自己的技术，提高自己的能力，培养更多的滑雪人才；二是可以起到带动性的作用，这是因为滑雪场滑雪教练员具有较高的技术水平，以及担负多元化的社会角色。在任教期间，自然会与不同滑雪场滑雪教练、滑雪爱好者进行互动与交流，并起到道德引领的作用，在互动与交流中提高滑雪场滑雪教练队伍整体素质。这恰恰是原来不曾发生的情况，也成为促进当地滑雪技术指导与安全保障方式转变、滑雪技术指导与安全保障质量提高的有效方式。当然，滑雪场滑雪教练员并不是完美的，在访谈中也对滑雪场滑雪教练员本身的缺陷进行研讨，着重提出滑雪场滑雪教练员在滑雪技术指导与安全保障经验层面的短板，这成为滑雪场滑雪教练员作用发挥的最大障碍。据此而言，对滑雪场滑雪教练员的培养应该具有针对性与实效性，让他们在自己岗位上提高专业技能，使之更好地发挥自己的作用。

从上面的分析来看，二者的观点虽然存在一定的差异，但是基本落脚点是一致的，即新进的滑雪场滑雪教练员必须得到外界的支持与帮助，才能够实现自己的专业发展，这一过程必不可少。

二、培训体系不健全，影响到动机因素的作用

培训是实施滑雪场滑雪教练员专业发展主要的手段之一。借助培训，教练员可以掌握当前最为先进的滑雪技术指导与安全保障理念、人员管理的专业知识等，并将其应用到实践中，从而实现理论与实践的有机结合。并最终形成自己独特的风格。但是在案例研究中发现，教练员培训存在体系不健全的问题。

（一）引发教练员的职业倦怠

引用素质理论研究成果来予以论证，滑雪场滑雪教练员担当社会中的技术指导者角色，承担技术指导与安全保障等重要责任。滑雪场滑雪教练员的素质提升与社会的期望存在正比例发展的关系，即在社会期望值增高的背景下，滑雪场滑雪教练员必须提升自己的素养，只有这样，才能够满足社会的多元化需求；反之，在社会进步发展的背景下，滑雪场滑雪教练员没有相应提高自己的素质，就会被社会淘汰，无法发挥自己技术指导的作用。这对滑雪场滑雪教练员的培训具有启迪性的作用。滑雪场滑雪教练员在入职前、入职中及入职后都需要参加相应的培训，这些培训具有可持续性特点，能够促进滑雪场滑雪教练员自身水平不断提高。但是，滑雪场滑雪教练员的培训体系存在新的问题，具体如下。

1. 对滑雪场滑雪教练培训的认知不足

素质理论认为，滑雪场滑雪教练在从事滑雪技术指导与安全保障实践的过程中必须及时进行反思，这对于优化自己的滑雪技术指导与安全保障设计、更新自己的技术指导理念、应用现代化的滑雪技术指导与安全保障方法等都具有非常现实的价值。但是在调查后却发现，认知的滞后性严重阻碍了滑雪场滑雪教练员培训的实践价值，从而使滑雪场滑雪教练员培训无法起到预期的作用，

主要体现在滑雪场滑雪教练员的培训与个人发展的割裂性、个人发展前景认知的功利性、滑雪场滑雪教练员培训对个人发展作用认知的片面性三个方面。

滑雪教练员培训是教练员入职以后接受的再教育培训。从本质上看，滑雪教练员接受继续培训与完成训练工作是不矛盾的，而是一项平行的活动内容。需处理好"学习培训与训练工作"在时间与精力上的关系，避免产生"学训"矛盾。这有利于增强滑雪教练员参与继续教育的意愿与积极性。从目前的状况来看，滑雪教练员普遍反映参加继续教育没有充足的时间。滑雪教练员一方面要承担训练任务，一方面要挤占休息时间参加培训学习，这种学习培训与训练之间的"学训"矛盾成为滑雪教练员参加岗位培训的主要障碍。

除了"学训"矛盾外，培训经费负担过重也是影响滑雪教练员参与培训教育积极性与意愿的主要原因。滑雪教练员的培训经费采取"三个一"的方式，即政府、所在单位和个人各出一部分。然而，由于缺乏具体实施规则的保障，再加上受财政拨款经费的影响，滑雪教练员承担培训经费过高的现象随处可见。据调查显示，我国只有高级滑雪教练员参加岗位培训的部分经费能够在单位报销，而基层教练员，特别是有些市、县级的滑雪教练员的培训经费很难报销或根本就不能报销。因此，教练员岗位培训经费不足，不但影响滑雪教练员参与培训教育的意愿与积极性，而且将严重影响我国滑雪教练员继续教育的健康发展。

2. 培训存在不均等化，培训内容和形式不能满足滑雪教练员的需求

从目前来看，培训的不均等化是一个相当大的问题，可以从两个方面对此进行分析。一方面是培训机会的不均等。在大的滑雪场，教练一般可以获得较多的外出培训机会，而规模较小的滑雪场滑雪教练员则没有条件获得这些机会。但是从实际的需求来看，规模较小滑雪场的滑雪教练员更应该获得这些外出培训的机会，只有这样，才能促进滑雪场滑雪教练员的专业发展，并以此带动滑雪场滑雪教练员的整体质量。培训的均等化不足会导致中小型

滑雪场滑雪教练员所得到的培训机会不多，造成专业发展与职业期待存在较大落差，甚至产生迷茫的感觉，不能够坚持自己的职业，最终使滑雪场滑雪教练员的流动性加大。另一方面是培训平台不均等。××市滑雪场滑雪教练员在职业培训上处于不同的平台，其得到的培训机会、培训层次，以及培训的空间差别较大，这对滑雪教练员产生消极影响，也是造成其职业倦怠的主要原因之一。这一问题如果不及时加以解决，滑雪场滑雪教练员群体的稳定性就无法得到保障。从原因等方面分析，原有的滑雪场滑雪教练培训平台的搭建主体是当地的体育主管部门，这就决定了滑雪技术指导培训的内部化性质，在资源的分配上，大规模滑雪场滑雪教练得到更多的资源，而小规模滑雪场滑雪教练员只能得到较少的培训资源。滑雪场滑雪教练员培训诸多问题的出现会对教练员个体产生消极的影响。滑雪场滑雪教练员在从事自己的岗位前，会对岗位产生职业期待，但是在从事自己的岗位后，基于培训的缺失，使之原有的职业期待与现实工作环境、培训之间产生落差，从而无法坚持自己的工作，职业倦怠由此产生。

如果滑雪教练员培训具有很强的实用性和实效性，而且培训内容和形式又能满足教练员的需求，那么对教练员参与培训的热情和积极性将起到积极的影响。

从目前的情况来看，我国滑雪教练员对培训的质量与效果普遍不太满意。滑雪教练员继续教育的实用性和实效性以及培训内容和形式还不能与滑雪教练员参与培训的需求相契合，因而很大程度上打击了滑雪教练员参与培训的积极性。比如说，滑雪培训内容的理论课难度大、课时少，效果不佳。目前滑雪教练员岗位培训的专项理论课和技术实践课教学虽然突出了实用性，但系统性存在不足，授课多以专题或经验交流的形式进行。这不利于滑雪教练员对完整的训练理论与方法形成系统性的认识。

由于滑雪教练员的岗位培训的内容和形式不仅会影响岗位培训效果，而且还影响滑雪教练员参与岗位培训的热情和积极性，因此滑雪教练员岗位培训需要重点考虑和解决的问题：一是安排的培训内容应尽量满足滑雪教练员的需求；二是设计的培训形式应有利于激发滑雪教练员参与的积极性。就目前的情况而言，由于我国滑雪教练员岗位培训的内容和形式还不能满足教练员的真正需求，滑雪教练员岗位培训被视为可有可无的事情，并没有成为滑雪教练员训练工作中不可或缺的内容，致使滑雪教练员培训的动力不足，滑雪教练员培训需求内驱力不足。

（二）降低个人发展的内在动力

滑雪场滑雪教练员培训与个人的职业发展具有一致性，即在滑雪场滑雪教练培训的强有力支撑之下，滑雪场滑雪教练员的未来发展前景将会更好。但是在调查中发现，一些滑雪场滑雪教练员却存在与之相反的看法，认为滑雪场滑雪教练员培训与个人的发展并没有直接关系，具体表现在以下两个方面。

一是对于专业发展的内涵具有错误的认知。皮亚杰建构主义理论认为，滑雪场滑雪教练"立足于自身的滑雪技术指导与安全保障实践，在与滑雪者的互动中实现滑雪技术指导与安全保障目标的达成"。这与多元智能理论具有相似性，霍华德·加德纳多元智能理论要求滑雪场滑雪教练"实施自己的滑雪技术指导与安全保障活动中，采取因材施教的方法来开展自己的技术指导与安全保障活动"。这些理论说明滑雪场滑雪教练的专业发展不是固定性与局限性发展，而是一个开放性与动态化的发展。我们在调查和访谈中发现，在一些滑雪场滑雪教练员看来，滑雪教练这一职业只要教好滑雪技术、吃透教材、参加滑雪场内的科研活动就可以了，没有必要过多地参加滑雪场滑雪教练技术指导培训，所谓的专业化就是立足于自己的，做好自己的本职工作。这一认知实质上就是将专业化进行了曲解，没有用长远的、发展的眼光来理解专业发展的内在含义。

二是没有实现滑雪场滑雪教练员的培训与个人专业发展的互动。从一般意义上来理解，滑雪场滑雪教练培训最终的落脚点就是应用于实践，即通过实践来检验滑雪场滑雪教练员培训的成果，将滑雪场滑雪教练员培训的理论记在心里，同时还要用实践进一步丰富与完善滑雪教练培训的理论知识，并最终形成具有自己特色的滑雪技术指导与安全保障风格，这也是成为名师的首要条件。但是在当前的××市滑雪场滑雪教练员中却存在一种割裂化的思想意识，所谓的割裂化，就是将滑雪场滑雪教练的培训与个人的滑雪技术指导与安全保障实际区别开来。既不在自己的滑雪技术指导与安全保障中应用滑雪场滑雪教练培训的理论，也不对滑雪技术指导与安全保障实践进行反思，从而起不到丰富个人滑雪技术指导与安全保障理论的作用。

素质理论对人力素质的提升具有指导性的价值，尤其重视培训的作用，据此而言，滑雪场在滑雪教练培训的问题上，必须要正视所存在的问题，根据问题积极采取健全培训体系的策略，以此促进滑雪场滑雪教练整体素质的提升。

（三）物质动机处于低效化

××市14家滑雪场员工平均薪酬如表6-14所示。

表6-14　××市14家滑雪场员工平均薪酬一览表（N=65）

员工种类	管理人员	教练人员	后勤辅助人员	核心员工
平均薪酬	3917元	3859元	3803元	4056元

从表6-14来看，××市滑雪场员工平均薪酬差距并不大，教练人员与管理人员相比，差距为58元，这就使得教练人员产生自卑感，认为没有体现自身价值，核心员工工资比教练人员高出197元，核心员工自然在心理上也会产生不公平感。从原因上分析，××市滑雪场在制定薪酬机制的时候，具有临时应付的思维，认为薪酬机制相对于福利、津贴、奖金而言并不重要，从而将其置于从属的地位。

三、绩效考核标准不完善，割裂了社会角色形成

社会角色是教练员潜在的素质之一，大部分的调查者认为，自己所应该承担的社会角色是技术的指导者与安全的保障者的角色，但是却忽略了本应该承担的道德引领者与秩序的维护者的角色。从原因上分析，就是因为滑雪场并没有从绩效上着手来规范其所应该承担的社会角色，从而使得教练员在承担社会角色上存在片面认知，以及所应该承担社会角色的必要性。

（一）设置指标的简单化与模糊化

从基本原则这一层面来分析，××市滑雪场所设置的滑雪教练的绩效考核指标具有完整化与系统化的特点，但是在下放到部分落实的时候，如此完整而又系统的指标却得不到落实，出现了设置指标的简单化与模糊化的问题。

1. 设置指标的简单化

在滑雪教练绩效考核指标设置的时候，会将抽象化的指标剔除掉，仅留下可以量化的指标，从而形成简单化问题。举例来说，个人层面的绩效考核指标，主要是从品德修养、岗位技术能力、考勤情况、个人业绩的结果、员工协作这几项指标进行绩效考核。品德修养、岗位技术能力、员工协作的量化结果难以把握，于是仅仅是依据考勤情况、个人业绩的结果这两个指标。

2. 设置指标的模糊化

设置指标的模糊化主要是指指标的抽象化这一层面，这就直接导致绩效指标难以把握，给主观性的绩效考核留下空间，从而导致有失公平问题的存在。

举例来说，在个人层面的绩效考核指标中的品德修养、岗位技术能力、员工协作程度的高与低、好与坏都是不好把握的，如果是个人主观性的判断，其结果必然是千差万别的。

（二）绩效考核透明性不强

绩效考核透明性不强问题的存在与滑雪场自身的利益群体的分化具有直接的关系。这是因为，在现代滑雪场中，滑雪场管理者、滑雪场经营者、滑雪场所有者之间存在矛盾之处，在这里，所谓的矛盾主要是指在整体的利益上存在一致性，而在局部利益上则存在自利性，这就使得滑雪场经营者在追求自己最大化利益的时候，采取的是损害滑雪场管理者的策略，从而大大降低了滑雪场管理者对利益的索取。这就自然会影响到绩效考核体系的构建与实践运作。

第三节　滑雪教练员素质提升的建议

××市滑雪场滑雪教练员受到准入机制、培训体系、自我认知、绩效考核标准等因素的影响，致使××市滑雪场滑雪教练员知识素质、技能素质、潜在素质存在主动问题。通过制定规范的滑雪教练员准入机制、完善滑雪教练员培训体系与指导滑雪教练员职业生涯规划，健全滑雪教练员绩效考核体系等措施，促使××市滑雪场滑雪教练员素质的提升。

一、制定规范的滑雪教练员准入机制

基于当前滑雪教练来源多元化的既有特点，老滑雪教练必须要承担起培育新人的任务，即对刚入职的新滑雪教练予以帮扶，具体来说，就是将自己的教育技术指导的经验传播给新任滑雪教练，从而促使其快速地成长起来，加快新任滑雪教练的专业发展的速度，同时协调体育主管部门和行业协会，提升准入门槛，即由地方体育主管的部门与行业协会，制定规范的滑雪教练员准入机制，提高滑雪教练员准入门槛，这就会在一定程度上降低滑雪教练专业化技术水平低下的劣势。

二、完善滑雪教练员培训体系

据此而言，在设计滑雪场滑雪教练员培训体系的时候，就要做到科学规划滑雪场滑雪教练员培训，力求培训的实效化。

在进行滑雪场滑雪教练培训内容设计的时候，注重内容设计的互动性，即在内容设计之前要征求培训滑雪场滑雪教练员主体的意见，在汇总后将其细化为若干单元，再由滑雪场滑雪教练进行个体性的选择，这样起到了扩大滑雪场滑雪教练培训自主权，激发滑雪场滑雪教练员参加培训主动性的作用，自然也会使得培训的指向性更加明确。同时，注重培训机会的均等化，建议体育主管部门建立市一级滑雪场滑雪教练统一的培训体系，在培训指标的分配上不再区分规模大小，而是按照滑雪场滑雪教练的数量来分配参加培训教练的指标，这样就可以使处于小规模滑雪场的滑雪教练员得到了与大规模滑雪场的滑雪教练相同的外出培训机会。另外积极推行培训机构的社会化，将技术指导培训从系统内部剥离出来，使之转变为社会化培训，可以采取政府购买服务的方式构建滑雪场滑雪教练培训体系，将培训的任务交由相应资质的社会化培训机构完成。

三、指导滑雪教练员完善职业生涯规划

滑雪教练员职业生涯规划中，以其职业的社会角色为视角规划职业生涯，同时在维持自身合理化物质需求的基础上，将实现自己的社会价值作为职业规划的首要目标，从而实现社会价值与职业规划的统一，这就要求滑雪教练员在自己的职业发展中，不仅要具有强烈的职业归属感，还应该强化自己的技术水平、知识积累、创新科研能力，以及职业道德等。

四、完善滑雪教练员绩效考核体系

一方面，设置岗位基础的评估体系，即根据滑雪场教练员岗位的内容、职责、工作等不同的特点进行分析，从而为差别性岗位评估体系的设置夯实基础。再者就是岗位定位，就是对滑雪场教练员岗位人员的工作实绩进行定位，从而体现滑雪场教练员岗位的价值；另一方面，制定科学化的绩效考核方案。在方案的制定中，要遵循诸如科学性强、体系明晰、易于操作、群众基础好等原则。在制定滑雪场教练员绩效考核方案的时候，将着力点放置在评估标准与指标的制定之中。

附　录

体育教练员岗位培训管理暂行办法

第一章　总　则

第一条　体育教练员（以下简称"教练员"）岗位培训是为教练员能力提升、职称晋升开展的专门培训，是教练员掌握现代竞技训练方法与手段、丰富竞技训练理论知识、更新执教理念、提高执教水平的重要措施。根据《中华人民共和国体育法》《体育教练员职务等级标准》，制订本办法。

第二条　国家体育总局运动项目管理中心（以下简称"项目管理中心"）和全国性单项体育协会（以下简称"协会"），省级人民政府体育主管部门（以下简称"省区市体育局"）举办教练员岗位培训工作适用本办法。

第三条　教练员岗位培训合格证书可用于教练员岗位入职参考和职称晋升评定。

第二章　职责分工

第四条　教练员岗位培训分为初级、中级、高级和国家级。培训工作实行统一规划、归口管理、分级实施、分类指导的原则。

第五条　体育总局科教司（以下简称"科教司"）负责统筹、协调、管理全国教练员岗位培训工作，包括：组织编制培训规划、训练理论培训大纲、培训教材和各级别理论考核标准制订等；组织教练员岗位培训师资库建设和师资培训；组织各级别教练员理论知识培训考核等。

第六条　项目管理中心或协会负责所属项目的教练员专项技能培训大纲、

培训教材、教学计划和各级别专项考核标准制订等；负责实施所属项目初、中、高级教练员专项技能的培训、考核及教练员继续教育相关工作。

第七条　省区市体育局负责本地区教练员参加岗位培训的宣传和组织工作。

第三章　培训及考核

第八条　教练员岗位培训分为训练理论培训和专项技能培训两部分。

训练理论培训内容为"现代教练员科学训练理论与实践"理论体系，主要包含下列专题：教练员职业素养与管理、运动训练基础概论、运动训练计划制订与实施、兴奋剂风险与防范、心理训练与心理调节、青少年运动员选材、运动训练的生理生化监控、运动伤病防治、运动损伤康复与预防的功能锻炼、运动膳食与营养调控、体能训练理论与手段、程序化竞技参赛设计与实践等。

专项技能培训内容由各项目管理中心或协会根据项目特点单独制订。

第九条　初级教练员培训重点是训练理论基础知识；中级教练员培训注重实践训练方法传授；高级教练员培训侧重介绍国内外最新的训练和科研成果，开阔视野、更新执教观念；国家级教练员培训突出训练理论、方法、手段的研究和创新，注重提升实践创新能力。

第十条　初级教练员

（一）培训对象：凡中华人民共和国公民，遵纪守法，恪守职业道德，年满 18 周岁，均可报名参加初级教练员岗位培训及考试。

（二）培训形式：采取网络课程学习、自学、集中教学等培训形式。

（三）考核：3 年内通过《教练员职业素养》《运动训练基础综合》《运动训练应用综合》3 项考试和专项技能考核，可获得"初级教练员岗位培训合格证"。

第十一条　中级教练员

（一）培训对象：具有初级教练员职称或取得初级教练员岗位培训合格证书后继续从事训练竞赛教学工作满 4 年的人员。

（二）培训形式：采取网络课程学习、集中教学等培训形式，时间不得少于 60 个学时。

（三）考核：按要求完成培训任务，进行训练理论、专项技能考核，合格者可获得"中级教练员岗位培训合格证"。

第十二条　高级教练员

（一）培训对象：具有中级教练员职称或取得中级教练员岗位培训合格证书后继续从事训练竞赛教学工作满 4 年的人员。

（二）培训形式：采取网络课程学习、集中教学等培训形式，时间不得少于 60 个学时。

（三）考核：按要求完成培训任务，4 年内参加训练理论、专项技能考核，合格者可获得"高级教练员岗位培训合格证"。

第十三条　国家级教练员

（一）培训对象：具有高级教练员职称的人员。

（二）培训形式：采取自学、集中教学、研讨和论文答辩相结合的形式进行。集中授课和研讨时间不少于 60 学时，自学时间不少于 70 学时。

（三）考核：按要求完成培训学习任务，在 2 年内通过论文答辩，可获得"国家级教练员岗位培训合格证"。

第十四条　参加集中培训的教练员，请假超过 1 天的，不予颁发岗位培训合格证书。

第十五条　教练员岗位培训合格证书有效期 4 年。

第十六条　教练员岗位培训师资采用聘用制，统一建库管理，定期组织培训、考核、评估。训练理论培训师资由科教司制订标准，组织聘用管理；

专项技能培训师资由项目管理中心或协会制订标准，组织聘用管理。

第四章　监督及管理

第十七条　项目管理中心或协会要提前制订年度教练员岗位培训或考核计划，每两年至少要举办一期中级、高级教练员岗位培训班，相关培训或考核计划报科教司汇总后统一发布。

第十八条　省区市体育局应加强教练员岗位培训及考核工作的宣传，积极组织本地区教练员参与培训。

第十九条　教练员岗位培训一律通过"国家体育总局教练员培训管理系统"（以下简称"管理系统"）进行管理，实行网上颁证，提高培训工作的科学性、规范性和便捷性。

第二十条　教练员岗位培训实行全过程评估，培训结束后教练员通过系统填写《培训项目质量评估表》，对培训设计、教学内容、教学水平、教学管理、培训效果进行评估打分。

第二十一条　教练员岗位培训工作要严格落实信息公开制度，向社会公开办班信息，公示合格名单，提供证书查询，相关信息要及时通过管理系统对外发布。

第二十二条　教练员岗位培训负责单位要公布咨询和申诉渠道，及时受理教练员的来电、来信和来访，切实维护教练员正当权益。

第二十三条　由国家财政支持的教练员岗位培训经费使用要严格按照《中央和国家机关培训费管理办法》要求执行；由主办单位自筹经费的教练员岗位培训要严格遵守国家财务管理有关规定，严禁乱收费。

第五章　附　则

第二十四条　项目管理中心或协会、省（自治区、直辖市）体育局要定期组织开展教练员继续教育培训，提升教练员的综合素质与能力。教练员继续教育学习情况，可通过管理系统进行登记备案。

第二十五条　教练员参加继续教育的时间，每年累计应不少于 90 学时，其中专业技术知识教育学时一般不少于总学时的 2/3。

第二十六条　项目管理中心或协会可根据项目需求，对体育教练员等体育从业人员开放相应级别培训及考核。

第二十七条　本办法未涉及事项，按照国家人力资源与社会保障部专业技术人员培训有关规定和国家体育总局教练员培训有关文件要求执行。

第二十八条　本办法自 2019 年 7 月 1 日起施行，有效期 5 年。1989 年原国家体委印发《国家体委关于试行教练员岗位培训制度有关问题的通知》和 1995 年印发的《国家级教练员岗位培训及办班办法》同时废止。

滑雪社会体育指导员职业技能鉴定培训大纲

根据中华人民共和国劳动和社会保障部制订的《社会体育指导员国家职业标准》（以下简称《标准》）中有关规定，为了给滑雪社会体育指导员职业技能鉴定培训提供科学、规范的依据，结合目前我国广大社会体育工作者的实际状况，特制订本培训大纲。

一、培训目的和任务

通过培训，使准备申报相应等级滑雪社会体育指导员职业技能鉴定的申请者，进一步加深国家关于开展社会体育工作的各项法律法规及方针政策的理解，提高工作的主动性和自觉性；加强思想道德教育；丰富、充实社会体育的基础理论知识，提高社会体育工作的业务能力；基本达到《标准》中相应等级社会体育指导员在专项理论与技能知识方面的基本要求，为参加相应等级的职业技能鉴定考试做好准备。

二、培训对象

符合《标准》中申报相应等级社会体育指导员职业技能鉴定具体的各项条件，经履行正式报名手续，均可参加相应级别的培训。

三、培训方式和时数

采用集中培训与自学、统一考试相结合的培训方式。各级别滑雪社会体育指导员集中培训与自学时数比例（见附表1）。

附表1 滑雪社会体育指导员的培训方式与比例分配

方式/等级	集中培训			自学		总学时
	理论知识培训（学时）	专业技能培训（学时）	百分比（%）	学时	百分比（%）	
指导师	40	8	80%	12	20%	60
高级	36	24	67%	30	33%	90
中级	30	40	58%	50	42%	120
初级	24	56	53%	70	47%	150

备注："理论知识培训"主要解决公共理论知识部分培训任务；"专业技能培训"主要解决专项理论知识和技术的培训任务。

附表2 滑雪社会体育指导员专项理论、专项技术培训方式与时数比例分配

方式/等级	集中培训			自学		总学时
	理论知识培训（学时）	专业技能培训（学时）	百分比（%）	学时	百分比（%）	
指导师	4	4	57.1%	6	42.9%	14
高级	10	14	61.6%	15	38.4%	39
中级	16	24	61.6%	25	38.4%	65
初级	20	36	61.5%	35	38.5%	91

四、师资队伍

培训滑雪初级、中级、高级社会体育指导员的教练员应具有滑雪社会体育指导师职业资格证书或滑雪专业讲师以上专业技术职称；培训滑雪社会体育指导师的教练员应具有副教授以上专业技术职称。

五、考核要求

参照社会体育指导员职业技能鉴定规范中的题例，考核分为专项理论考试和专项技能操作考试，均采用百分制，成绩达到60分以上者为培训合格，并颁发培训结业证书。获得各级培训结业证书者，方有资格申报参加相应级别的职业技能鉴定考试。

附表3　滑雪各级别考核比例分配

级别/考核比例	初级（％）	中级（％）	高级（％）	指导师（％）
专项理论	25	30	40	50
专项技术	75	70	60	50
合计	100	100	100	100

附表4　高山滑雪各级别专项技能考核内容

级别	专项技能考核内容与要求	比例	专项理论考核内容	比例
初级	1. 长100 m、宽25 m初级雪道平整场地，完成10个左右犁式、半犁式转弯连续动作 2. 学员在犁式转弯中，保持不住基本姿势，你如何帮其改进	75%	笔试：选择题 正误题 论述题	25%
中级	1. 长150 m、宽25 m中级雪道平整场地，完成10个左右点杖的一般双板平行连续转弯，有引申连续转弯动作 2. 学员在滑行时不形成主动板，你如何帮他纠正和改进	70%	笔试：选择题 正误题 论述题	30%
高级	1. 长150 m、宽25 m地形有变化的中级雪道上，完成10个左右卡宾式大转弯动作和双板平行短半径摆动转弯动作 2. 针对学员转弯时上体随弯转的现象，你如何帮他纠正	60%	笔试：选择题 正误题 论述题	40%
指导师	长300 m、宽不少于25 m地形多变的综合性中、高级雪道上，利用各种滑行和转弯技术快速完成滑行2~3次	50%	笔试：选择题 正误题 论述题	50%

1. 专项理论考试包括基础理论部分，采用闭卷考试，以100分制评定，60分为及格。

2. 专项技能考试的实践技术考核成绩评定采用100分制，每项满分为100分，60分及格。由3名考官独立打分，取3个评分的平均分为考核成绩，每项60分以上视为鉴定合格。

六、培训工作原则与要求

（一）培训工作的基本原则

1. 实用性原则

根据各级社会体育指导员的实际需要，解决学员应知应会的问题。目前适合于社会体育的滑雪项目按主次排序为高山滑雪、单板滑雪、越野滑雪，每位滑雪社会体育指导员在项目上可有侧重。

2. 实效性原则

注重理论知识与实践相结合，加强能力培养，克服纯学术性教学的倾向。

3. 灵活性原则

形式多样，方法灵活，除采用课堂讲授外，可适当采用参观考察、研讨及利用声像教学等方式，使学员开阔思路和眼界。

4. 规范性原则

认真执行本大纲，突出培训工作的规范性和科学性，加强教学的管理，严格考核纪律和考勤制度，提高培训工作的质量。

5. 培训与科研相结合的原则

在培训过程中，应对有关培训内容和效果进行调查研究，又可对推行《标准》《制度》和《全民健身计划纲要》实施开展情况进行调查研究。

（二）培训工作的要求

1. 组织师资力量进行培训。使任课教练员充分了解培训的教学要求和职业技能的鉴定要求等，统一教学流程，编写必要的教学参考材料，做好培训的各项准备工作。培训中应注意学员的反馈意见，及时改进教学。

2. 根据本大纲制订相关培训计划。培训计划包括前言、目录与任务、培训对象与人数、培训时间与地点、培训内容与时数、考核与结业、专题讲授要点和有关注意事项等。

3. 培训结束后，分级上报社会体育指导员培训班培训资料。培训班培训资料包括培训班计划、教学参考资料、任课教练员情况（单位、姓名、年龄、性别、职务或职称等）、学员情况（姓名、性别、年龄、民族、职业、文化程度、从事社会体育工作时间等）、培训工作总结以及其他相关资料等。

七、培训内容纲要与要求

根据《标准》的规定以及《社会体育指导员职业培训教材》，各级社会体育指导员一般应具有社会体育指导员相适应的体育人文社会知识、运动人体科学知识、体育健身知识以及职业道德基本知识等。

（一）滑雪专项理论培训讲授要点

1. 滑雪器材、装备的正确使用和维护

滑雪器材的种类、规格及选用穿脱方法；滑雪板的携带与维护方法；滑雪装备的种类与使用程序等。

2. 滑雪安全知识与滑雪损伤的预防

滑雪安全须知，安全包含内容、措施及重要意义；滑雪热身的方法、意义；滑雪损伤的预防、救护等。

3. 滑雪场地知识及正确选择雪道

初、中、高级雪道的划分标准；雪场的标志；选择适合自己技术水平雪道的方法。

4. 滑雪教学的原则、组织与教法

滑雪教学原则、滑雪教学方法、滑雪教学的组织以及组织滑雪教学时应注意的事项。

5. 滑雪技术常用术语

高山滑雪、单板滑雪和越野滑雪经常使用的术语。

6. 乘坐索道规则

索道的种类；乘坐各种索道的方法；滑雪者选择索道的依据等。

7. 滑雪蜡的使用

滑雪蜡的功能；滑雪蜡的种类、性能及选用的依据；涂滑雪蜡的程序、方法及注意事项等。

8. 单板 U 形场地的修整

单板 U 形场地的滑雪技术要求，场地雪面的修整。

9. 儿童及特殊人群滑雪教学理念

儿童及特殊人群（如残疾人群）的生理、心理特点；适合于儿童及特殊人群特点的滑雪教学要求。

10. 滑雪竞赛知识及组织

滑雪竞赛规则的基本内容；竞赛规程的实施；竞赛的具体组织方法等。

11. 高山滑雪转弯技术通用原理

滑雪转弯的基本要素与力学原理；雪板转弯的机制；雪板与人体间所形成的位置；人体与雪坡的相互关系等。

12. 高山滑雪转弯的基本原则

滚落线、人体重心与主动板之间的关系；滑雪转弯应该遵循的几条基本原则。

13. 滑降中控制稳定的条件与方法

滑降中稳定的条件；降低重心的方法；控制重心移动的范围；扩大支撑面积；增强自身的调控能力等。

14. 地形变化与滑降的关系

滑降中人体重心的运行轨迹与地形起伏线之间的关系。

15. 初步的滑雪科研能力

社会体育中滑雪科研的基本方法、科研论文的写法及必要的统计方法。

16. 滑雪教学计划的制订能力

滑雪教学计划的功能和种类；制订滑雪教学计划的依据和方法。

（二）滑雪专项技能培训讲授要点

1．热身活动

热身活动的意义、作用、程序和要求等。

2．滑雪导入技术

穿滑雪板的站立姿势、原地变向；平地走滑、同时推进等。

3．滑雪的基本姿势

高山滑雪基本姿势动作要领、姿势变化及应用范围等。

4．登坡技术

横板登坡、八字登坡、半八字登坡等的动作要领及应用范围。

5．单板滑雪前后刃的变化

静态、动态的单板前后刃变化的动作要领。

6．主动跌倒和站起

主动跌倒的意义、方法和站起的各种方法。

7．直滑降

高山滑雪、单板滑雪和越野滑雪直滑降的分类、动作要领、用途和练习方法。

8．斜滑降

高山滑雪、单板滑雪和越野滑雪斜滑降的分类、动作要领、用途和练习方法。

9．犁式滑降

高山滑雪和越野滑雪犁式滑降的分类、动作要领、用途和练习方法。

10．同时推进

高山滑雪和越野滑雪同时推进的分类、动作要领、用途和练习方法。

11．犁式转弯

高山滑雪和越野滑雪犁式转弯的分类、动作要领、用途和练习方法。

12. 滑降中的加速、减速和停止

滑降中的加速、减速和停止技术的种类与方法。

13. 踏步式转弯

踏步式转弯的动作要领、用途和练习方法。

14. 绕山急转弯及扭动式转弯

转弯的动作要领、用途和注意事项。

15. 滑降技术与地形的结合

地形凹凸情况下滑降技术的变化和动作要领。

16. 半犁式转弯

初级半犁式转弯的动作要领。

17. 单板滑雪的转弯

单板滑雪转弯的基本动作要领。

18. 转弯中的引申

滑雪转弯中引申的含义、引申的原因、引申的方法、作用和时机。

19. 越野滑雪二步交替

二步交替滑行动作的要领及运用的场合。

20. 横滑降

高山滑雪和单板滑雪犁式转弯的分类、动作要领、用途和练习方法。

21. 高级半犁式转弯

高山滑雪和越野滑雪半犁式转弯的分类、动作要领、用途和练习方法。

22. 单板滑雪的连续转弯

单板滑雪连续转弯的动作要领、用途和练习方法。

23. 双板平行转弯

高山滑雪双板平行转弯的分类、动作要领、用途和练习方法。

24. 蹬冰式滑行

高山滑雪和越野滑雪蹬冰式滑行的分类、动作要领、用途和练习方法。

25. 单板滑雪在人工设施条件下的滑行

在人工设置的多种设施条件下单板滑雪的技巧。

26. 双板平行摆动转弯

高山滑雪双板平行小半径、快频率转弯的技术要领。

27. 蹬冰式转弯

蹬冰式转弯的动作要领、用途和练习方法。

28. 蹬跨式转弯

蹬跨式转弯的动作要领、用途和练习方法。

29. 跳跃式转弯

跳跃式转弯的动作要领、用途和练习方法。

30. 卡宾式转弯

卡宾式转弯的特点和传统转弯技术的区别。

31. 单板 U 形场地滑行技巧

U 形场地中单板滑雪的各种滑行和空中技巧。

32. 雪包场地的滑行技术

雪包连成的场地条件下，滑行的技术要领。

33. 不同雪质场地的滑行技术

不同雪质场地条件下的滑行技术要领，不同雪质的特点和滑行技术之间的关系。

34. 滑雪的跳起、腾空及转体技巧

高山滑雪、单板滑雪的跳起、腾空及转体等技术的动作要领。

35. 滑降技术综合运用

高山滑雪、单板滑雪和越野滑雪根据地形、雪道合理选用相应的技术。

36．滑雪身体训练方法

高山滑雪、单板滑雪和越野滑雪身体训练的常用方法。

37．粉状雪的滑行技术

雪道外粉状雪和林间滑行的技巧。

滑雪教学常用术语及解释

重力：滑雪者的体重可理解为重力。

重心：指人体总重力的作用点。其方向对着地球中心。在滑雪运动中，重心有时在体内，有时在体外。在滑雪运动中的重心移动方向是多维的，即前后、左右、上下移动的合成方向。

重心投影点：一般指重心与地心连线通过雪地上的那一点。

负重（承重）：一般指滑雪板（或负重腿、负重脚）承担的体重与力量之和。

重心交换：一般指滑雪过程中左右两侧雪板负重的变换。

用力：一般指重力或重力与肌肉力相结合的合力对雪板（腿、脚）施加的压力。负重与用力基本相等。

支撑面积：一般指雪板在雪面上的位置及板型（有时也考虑滑雪杖的支撑）所形成的假想稳定面积。

滚落线：一个球体从山顶向山下顺着山坡不改变运行方向滚动的完整直线。滚落线与地图等高线（落差线）相垂直。

滑降：指从山坡上向山坡下基本直线滑行。

转弯：指从山坡上向山坡下左右来回转换雪板运行方向的滑行。竞技滑雪中称为回转。

登坡（登山、上山）：指穿雪板向山上移动。

雪杖痕迹：指滑雪杖在雪面上支撑后所留下的痕迹。

转弯弧迹：指在转弯的过程中，雪板在雪面上滑出的痕迹，一般为半月弧状。转弯弧迹是雪板痕迹的一种。

转弯弧线：指转弯弧迹的中心曲线。凸出的一侧称为外侧，凹入的一侧称为内侧。

转弯半径：指转弯弧线的一点与内侧假想圆心的连线。回转的转弯半径一般在 11 ~ 16 米间。

转弯弧度（回转弧）：由转弯半径决定。转弯半径越大，转弯弧度越大；转弯半径越小，转弯弧度越小。

外雪板（腿、脚）：指转弯弧线外侧的滑雪板（腿、脚）。

内雪板（腿、脚）：指转弯弧线内侧的滑雪板（腿、脚）。

山下板（腿、脚）：处于山坡下侧的雪板（腿、脚）。一般是外雪板（腿、脚）。

山上板（腿、脚）：处于山坡上侧的雪板（腿、脚）。一般是内雪板（腿、脚）。

主动板：滑雪转弯过程中起主导作用的那只滑雪板，即负重大的那只滑雪板。一般是外雪板或山下板。

从动板：滑转弯过程中不起主导作用的那只滑雪板，即负重小的或不负重的那只滑雪板。一般是内雪板或山上板。

雪板：指滑雪板底面两侧的金属边。

雪板内刃：滑雪基本姿态中，左、右两只滑雪板内侧的板刃。因为有两只滑雪板，所以有两条内刃。

雪板外刃：滑雪基本姿势中，左、右两只滑雪板各外侧的板刃。外刃也有两条。

立刃：指滑行中滑雪板底面与雪面形成一定角度。立刃主要体现在主动板内刃。

变刃：指滑降或转弯过程中，一只雪板或两只雪板内刃与外刃间的变换。多指在转弯中两雪板两条内刃间的承重转换。

切入雪面：多指雪板刃实实地进入雪面中滑行。主要体现在主动板内刃上。

刻住雪面：一般指静止时雪板刃平稳地立在雪面中。

立刃角（蹬雪角）：立刃时雪板与雪面所形成的角度。

雪板迎角：转弯时滑雪板与原滑行方向所形成的角度。迎角与阻力成正比。

脱滑（侧脱）：指高山滑雪转弯过程中，山下侧雪板立刃承重时向外后侧"滑坡"的现象。

雪面：专指能滑雪的雪层表面。

雪的阻力（雪阻）：指滑雪中雪对雪板滑行所形成的阻止力。

倾过：在转弯滑行中，由于离心力的作用，身体向转弯内侧的倾斜越过两只滑雪板，借以维持平衡。这种状态称为倾过。

引伸：在相邻两个转弯的变换瞬间，双（单）脚踏蹬滑雪板，主要通过膝部的伸直，将身体重心向上、向前提升，使滑雪板瞬间"失重"，便于改变雪板方向和重心的交换。

前倾：滑雪基本姿势中的膝部前顶、上体向前微倾、双脚掌用力的动作称为前倾。前倾动作保证了重心不落后。

后坐：指滑行时臀部下坐导致重心落后。后坐与前倾相悖，是错误的动作。

雪板板型：指两只滑雪板间的形态关系，两只雪板互相平行称平行板型；两只雪板间前窄后宽称为犁式板型；两只滑雪板间前宽后窄称为剪刀式板型。